Enfoques

CURSO INTERMEDIO DE LENGUA ESPAÑOLA | FIFTH EDITION

Student Activities Manual

VISTA®
HIGHER LEARNING

ISBN: 978-1-54330-447-3

1 2 3 4 5 6 7 8 9 PP 23 22 21 20 19 18

Printed in the United States of America.

Table of Contents

LAB MANUAL

VIDEO MANUAL

About the Student Activities Manual

The **Enfoques** Student Activities Manual (SAM) provides you with additional practice of the vocabulary, grammar, and language functions presented in each of your textbook's twelve lessons. The SAM will also help you to continue building your Spanish language skills: listening, speaking, reading, and writing. The SAM combines three major learning tools in a single volume: the Workbook, the Lab Manual, and the Video Manual.

Workbook

Each lesson's workbook activities focus on developing your reading and writing skills, as they recycle the language from the corresponding textbook lesson. Exercise formats include true/false, multiple choice, fill-in-the-blanks, sentence completions, fleshing out sentences from key elements, and answering questions. You will also find activities based on drawings and photographs.

Each workbook lesson reflects the overall organization of the textbook. Every lesson contains practice for **Contextos** and **Estructura**; lessons progress to the **Atando cabos** section, where you will concentrate on reading and writing in a more sustained context.

Lab Manual

The Lab Manual activities are designed for use with the **Enfoques** Lab Audio Program MP3s (available on the Supersite). The activities focus on building your listening comprehension, speaking, and pronunciation skills in Spanish, as they reinforce the vocabulary and grammar of the corresponding textbook lesson. The Lab Manual guides you through the Lab Audio Program MP3 files, providing the written cues—direction lines, models, charts, drawings, etc.—you will need in order to follow along easily. You will hear statements, questions, dialogues, conversations, monologues, commercials, and many other kinds of listening passages, all recorded by native Spanish speakers. You will encounter a wide range of activities, such as listening-and-repeating and listening-and-responding exercises, listening-and-speaking practice, listening-and-writing activities, and illustration-based work.

Each lesson of the Lab Manual contains a **Contextos** section that practices the vocabulary taught in the corresponding textbook lesson, and each one continues with an **Estructura** section. **Lecciones 1–4** contain a **Pronunciación** section in which you will practice sounds that are particularly difficult for students of Spanish.

Video Manual

The **Enfoques Fotonovela** Video offers five-minute episodes of an original romantic comedy, one episode for each of the twelve lessons in the student textbook. The characters—Lorenzo, Rocío, Marcela, Manuel, Ricardo, Lupita, Patricia, Chente, and Doctora Hernández— live in Oaxaca, México, a World Heritage Site.

Humor and dramatic tension, along with many surprising twists and turns, promise to keep you engaged and give you a sense of modern, day-to-day life in Mexico.

The video episodes are expanded versions of the ones featured in the **Fotonovela** sections of your textbook. Each episode emphasizes the grammar and vocabulary of the corresponding textbook lesson within the context of the episode's key events.

The video activities will guide you through the video episodes. **Antes de ver el video** offers previewing activities to prepare you for successful video viewing experiences. **Mientras ves el video** contains while-viewing activities that will take you through each episode, focusing on key ideas and events. Lastly, **Después de ver el video** provides post-viewing activities that check your comprehension and ask you to apply these materials to your own life or offer your own opinions.

We hope that you will find the **Enfoques** Student Activities Manual to be a useful language-learning resource and that it will help you increase your Spanish language skills both effectively and enjoyably.

The Vista Higher Learning editorial staff

Nombre _____ Fecha _____

Lección 1
Las relaciones personales

1 Oraciones incompletas Elige la palabra apropiada para completar cada definición.

1. Una persona que impone reglas muy estrictas es _____.
   a. autoritaria   b. emocionada   c. graciosa

2. Alguien que se siente siempre triste es una persona _____.
   a. ansiosa   b. deprimida   c. tacaña

3. A una persona _____ no le gusta gastar su dinero.
   a. falsa   b. cariñosa   c. tacaña

4. Alguien es _____ cuando no dice la verdad.
   a. maduro   b. orgulloso   c. mentiroso

5. Alguien es _____ cuando piensa mucho y toma decisiones lógicas.
   a. sensato   b. sensible   c. permisivo

2 Definiciones Escribe la palabra que corresponde a cada definición.

_____ 1. alguien que no dice la verdad

_____ 2. alguien que es muy afectuoso y que muestra sus emociones fácilmente

_____ 3. algo que no es cierto

_____ 4. cuando un chico sale con una chica, o al revés

_____ 5. una persona que siente vergüenza al hablar con otras personas

_____ 6. el estado civil de alguien que vive en matrimonio

_____ 7. dar señales para atraer a alguien

_____ 8. una persona que no está casada

_____ 9. encuentro con una persona que no conoces

_____ 10. una persona con el estado de ánimo muy bajo

3 Opuestos Escribe el antónimo de estas palabras o expresiones.

1. agobiado _____

2. casado _____

3. pasarlo bien _____

4. salir con alguien _____

5. tacaño _____

© 2020 by Vista Higher Learning, Inc. All rights reserved.   **Lección 1** Workbook **1**

4 **No, no es verdad** Cuando Lucía dice algo, Daniela siempre le contesta diciendo lo contrario. Escribe lo que contesta Daniela, según el modelo.

> **modelo**
> **LUCÍA** ¡Carlos es insensible!
> **DANIELA** *No, no es verdad. Carlos es sensible.*

1. **LUCÍA** Fermín y Carla se odian.
   DANIELA _____

2. **LUCÍA** Fermín es muy inseguro.
   DANIELA _____

3. **LUCÍA** Carla está muy ansiosa.
   DANIELA _____

4. **LUCÍA** Ellos están divorciados.
   DANIELA _____

5. **LUCÍA** Ellos se llevan fatal.
   DANIELA _____

5 **Analogías** Completa cada analogía con la palabra adecuada.

1. pasarlo bien : discutir :: adorar : _____

2. cuidado : cuidadoso :: cariño : _____

3. salir con : romper con :: estar casado : _____

4. casados : boda :: novios : _____

6 **Relaciones** Usa las palabras y frases de la lista para formar oraciones sobre personas que tú conozcas.

cuidar	hacerle caso a alguien	pasarlo bien
discutir	llevar… años de casados	salir con
estar harto de	mantenerse en contacto	soportar a alguien

1. Mis padres **llevan** veinte **años de casados**. Aunque a veces **discuten,** ellos se adoran y tienen una buena relación.

2. _____

3. _____

4. _____

5. _____

6. _____

ESTRUCTURA

1.1 The present tense

1 **Conclusiones erróneas** Completa las ideas y las conclusiones erróneas de Emilia.

1. Mi amiga no **está** casada y se **siente** sola.

   Yo no _____ casada y me _____ sola.

   Tú no _____ casado y te _____ solo.

   Conclusión: Todas las personas que no _____ casadas se _____ solas.

2. Tú te **mantienes** en contacto con tus amigos de la universidad.

   Mis amigos y yo nos _____ en contacto.

   Mi abuela y su mejor amiga de la infancia todavía se _____ en contacto.

   Conclusión: Todos los amigos se _____ en contacto.

3. Yo me **llevo** bien con mi hermano.

   Tú te _____ bien con tu hermano.

   Mis padres se _____ bien con sus hermanos.

   Conclusión: Todos los hermanos se _____ bien.

4. Yo siempre les **hago** caso a mis padres.

   Tú siempre les _____ caso a tus padres.

   Mi amigo Guillermo siempre les _____ caso a sus padres.

   Conclusión: Todos los hijos les _____ caso a sus padres.

2 **Excusas** Completa la conversación entre Juan y Marina con la forma correcta de los verbos entre paréntesis.

JUAN ¿(1) _____ (Querer) cenar conmigo esta noche?

MARINA No, gracias, esta noche (2) _____ (salir) con una amiga.

JUAN ¿Adónde (3) _____ (ir) a ir ustedes?

MARINA Yo no lo (4) _____ (saber) todavía.

JUAN ¿Cuándo (5) _____ (pensar) tú que lo vas a saber?

MARINA Nosotras (6) _____ (tener) que ir antes a una reunión, pero yo (7) _____ (creer) que vamos a ir a bailar.

JUAN De acuerdo, pero nosotros (8) _____ (poder) hacer planes para mañana.

MARINA Yo (9) _____ (tener) mucho trabajo y además (10) _____ (estar) muy preocupada por mi amiga. Ella (11) _____ (estar) deprimida.

JUAN ¿Qué (12) _____ (poder) hacer yo para ayudarla?

MARINA Hmm... La verdad es que no (13) _____ (ver) cómo tú podrías ayudarla, pero gracias.

3   **¡Pobre Manuel!** Completa las oraciones usando los verbos entre paréntesis para explicar por qué Manuel está enojado.

1. Manuel está enojado con su novia porque...

   (saber) _____

   (dormir) _____

2. Manuel está enojado con sus amigos porque...

   (estar) _____

   (tener) _____

3. Manuel está enojado con su vecina, doña María, porque...

   (decir) _____

   (hacer) _____

4. Manuel está enojado con Andrés y Luisa porque...

   (discutir) _____

   (traer) _____

4   **Primer contacto** Jorge y Mariana se conocieron en Internet y comenzaron a intercambiar mensajes por correo electrónico. Completa sus primeros mensajes con los verbos de la lista.

creer	estudiar	preferir	salir	tomar
dirigir	pensar	querer	tener	trabajar

¡Hola, Mariana! Como ya sabes, soy periodista y (1) _____ la sección de cultura de una revista. (2) _____ una perra que se llama Lola. No (3) _____ mucho porque siempre estoy trabajando. (4) _____ que eres una mujer muy interesante. Espero conocerte en persona pronto.

Hola, Jorge, gracias por tu mensaje. Tengo 25 años, ¿y tú? (5) _____ economía en la UNAM; además, (6) _____ clases de estadística. También (7) _____ en un banco en la Ciudad de México. (8) _____ a los hombres inteligentes y seguros, y (9) _____ que eres así. Yo también (10) _____ conocerte en persona pronto.

5   **La primera cita** Tomás y Sandra salen juntos por primera vez. Cuenta qué sucede en su primera cita. Usa al menos seis verbos de la lista conjugados en tiempo presente.

caminar	compartir	hablar	ir	salir
comer	dar	hacer	pedir	trabajar

_____

_____

_____

_____

_____

1.2 *Ser* and *estar*

1 **¿Ser o estar?** Completa el párrafo con la forma apropiada de **ser** y **estar**.

Daniel (1) _____ hablando por teléfono con su primo Ernesto. Ernesto

(2) _____ deprimido porque su novia (3) _____ muy lejos: ella

(4) _____ en los EE.UU. Su situación (5) _____ complicada porque

Ernesto (6) _____ de México, y su novia (7) _____ estadounidense y

vive en Miami. Ellos (8) _____ muy enamorados, pero no (9) _____

felices. Ernesto (10) _____ pensando en ir a estudiar a Miami y le pregunta a su primo

Daniel si (11) _____ una buena idea. ¿Qué consejos le dará Daniel a su primo?

2 **¿Qué significa?** Selecciona la opción con el mismo significado que la oración original.

1. A Juan no le gusta mucho la clase de italiano.
   a. Juan es aburrido.   b. Juan está aburrido.

2. Juan se va de vacaciones con sus amigos. Ya tiene todo en orden. Quiere salir ahora.
   a. Juan es listo.   b. Juan está listo.

3. ¡Este jamón tiene un olor extraño!
   a. El jamón es malo.   b. El jamón está malo.

4. Estas naranjas no han madurado (*have not ripened*).
   a. Las naranjas están verdes.   b. Las naranjas son verdes.

5. Las chicas siempre suspiran (*sigh*) cuando ven a Juan.
   a. Juan es guapo.   b. Juan está guapo.

6. Juan es un chico muy activo; tiene planes para toda la semana, pero no para el sábado.
   a. Juan es libre el sábado.   b. Juan está libre el sábado.

3 **Primer día de trabajo** Completa el párrafo con la forma apropiada de **ser** y **estar**.

(1) _____ las 7:00 de la mañana y Lucía todavía

(2) _____ en la cama. Hoy (3) _____

su primer día de trabajo y tiene que (4) _____ ahí a

las 8:00. Mira por la ventana y (5) _____ nublado. Se

prepara rápidamente y a las 7:30 ya (6) _____ lista.

Lucía no sabe dónde (7) _____ la oficina. Finalmente

llega y sus compañeros, que no (8) _____ trabajando,

la saludan. Ella piensa que todos (9) _____ simpáticos. Andrea, la secretaria, le

dice que la reunión con Armando, el gerente, (10) _____ en la sala de conferencias.

Lucía (11) _____ un poco nerviosa, pero (12) _____ contenta y cree

que éste (13) _____ un buen lugar para trabajar.

Workbook

4 **El consultorio** Lee la carta que un consejero sentimental le envía a Julia y completa las oraciones con la forma correcta de **ser** y **estar**.

Querida Julia:

Tu caso no (1) _____ único, (2) _____ muy frecuente. Hay personas que (3) _____ insensibles a los sentimientos de los demás y tu novio (4) _____ una de esas personas. Él dice que (5) _____ agobiado con los estudios y que (6) _____ deprimido. No sale contigo porque (7) _____ estudiando y cuando sale contigo siempre (8) _____ coqueteando con otras chicas. Sé que tú (9) _____ pasando por un momento difícil, pero tienes que darte cuenta de que tu novio no (10) _____ sincero contigo. Te aconsejo que rompas con él. Julia, tú (11) _____ una buena chica y pronto vas a (12) _____ lista para empezar una nueva relación.

5 **La carta de Julia** Imagina que tú eres Julia. Escribe la carta que ella le escribió al consejero sentimental. Usa **ser** y **estar** en cinco oraciones.

Estimado consejero sentimental:

Necesito su consejo porque tengo problemas en mi relación. Mi novio…

_____
_____
_____
_____
_____

Atentamente,
Julia

6 **Busco pareja** Imagina que estás buscando pareja y decides escribir un anuncio personal. Describe tu personalidad y tu estado de ánimo actual (*present*). Usa **ser** y **estar** y el vocabulario de la lección.

_____
_____
_____
_____
_____
_____
_____
_____
_____

1.3 Progressive forms

1 **¡Qué desconcierto!** Completa la conversación con el gerundio de los verbos entre paréntesis.

GUILLE ¿Qué anda (1) _____ (buscar), jefe?

MARTÍN Al grupo. Hace media hora que debían estar aquí.

GUILLE Están (2) _____ (descansar), jefe. Anoche estuvimos (3) _____ (trabajar) hasta tarde.

MARTÍN ¡Me estoy (4) _____ (poner) nervioso! Tenemos que ensayar el nuevo tema. ¿Qué están (5) _____ (hacer)?

GUILLE Juan está (6) _____ (dormir). Se acostó al mediodía.

MARTÍN ¡Ese muchacho sigue (7) _____ (ser) un irresponsable! No sé por qué lo sigo (8) _____ (soportar).

GUILLE No se enoje, jefe. Juan está (9) _____ (tocar) muy bien la guitarra estos días.

MARTÍN ¿Qué me dices de Karina?

GUILLE Hace media hora estaba (10) _____ (leer) una novela en la biblioteca.

MARTÍN ¿Y la cantante? ¿Dónde está (11) _____ (perder) el tiempo?

GUILLE Está (12) _____ (comer).

MARTÍN ¿Otra vez? ¡No podemos seguir a este ritmo!

2 **¿Qué están haciendo?** Elige seis de las personas o grupos de personas de la lista y, para cada una, escribe una oración completa con **estar** + [*gerundio*] para explicar lo que están haciendo ahora mismo.

mi jefe/a	mi novio/a
mi madre	mi profesor(a) de español
mi mejor amigo/a	mi vecino/a
nosotros	mi(s) compañero/a(s) de cuarto

1. _____

2. _____

3. _____

4. _____

5. _____

6. _____

Workbook

3 **Muchas preguntas** Completa esta conversación entre dos amigas. Usa el presente progresivo de los verbos entre paréntesis.

SARA ¿A quién _____*estás llamando por teléfono*_____ (llamar por teléfono)?

ANA A nadie. ¡Sólo tengo mi celular para llamarte a ti!

SARA ¿En qué (1) _____ (pensar)?

ANA _____ en el fin de semana. Quiero ir a un concierto con unos amigos.

SARA ¿Qué (2) _____ (leer)?

ANA _____ una novela de Mario Benedetti.

SARA ¿Qué (3) _____ (beber)?

ANA _____ una soda.

SARA ¿Qué (4) _____ (escribir)?

ANA _____ unos apuntes para el ensayo de literatura.

SARA ¿De qué te (5) _____ (reír)?

ANA ¡Me _____ de tus preguntas!

4 **Describir** Usa los verbos de la lista para describir lo que están haciendo estas personas.

cerrar	comprar	levantar
comer	dormir	mostrar

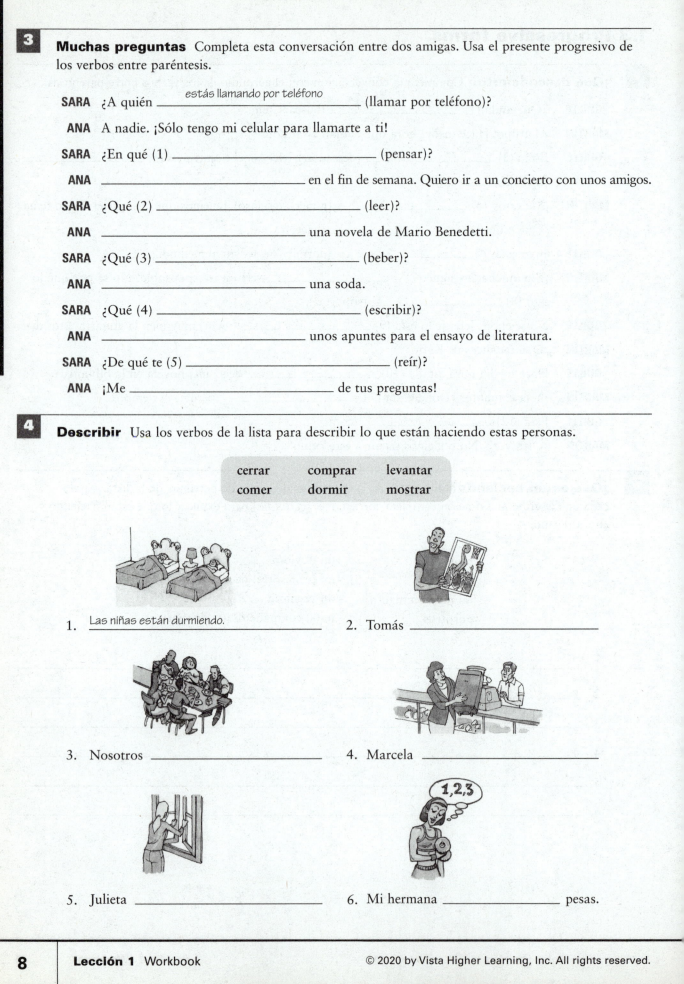

1. _____*Las niñas están durmiendo.*_____

2. Tomás _____

3. Nosotros _____

4. Marcela _____

5. Julieta _____

6. Mi hermana _____ pesas.

MANUAL DE GRAMÁTICA

1.4 Nouns and articles

1 **Cambiar** Escribe en plural las palabras que están en singular, y en singular las que están en plural.

1. los amigos belgas _____

2. el espacio común _____

3. la antigua ciudad _____

4. una estudiante inteligente _____

5. los profesores españoles _____

6. una pareja feliz _____

2 **Correo sentimental** Completa este anuncio con el artículo correspondiente. Si no es necesario usar un artículo, escribe X.

Tengo 23 años y soy estudiante. Soy (1) _____ chico tranquilo y trabajador. Me gusta (2) _____ naturaleza y no tengo (3) _____ problemas con mis vecinos. Me gusta ir al cine y no me gusta (4) _____ fútbol. Tengo buen humor por (5) _____ mañanas y mejor humor por (6) _____ tardes. Vivo en (7) _____ apartamento en (8) _____ quinto piso de (9) _____ edificio muy moderno en Miami. Sólo tengo (10) _____ pequeño problema: mi perro. Algunos dicen que tiene mal (11) _____ carácter. Yo creo que es (12) _____ buen animal, pero se siente solo, como su dueño.

3 **Exageraciones** Lee estas afirmaciones exageradas y responde siguiendo el modelo.

modelo

Éstos son los mejores carros del planeta.
Éstos son unos de los mejores carros del planeta.

1. Ésta es la mejor película de la historia.

    _____

2. Éste es el libro más interesante de todos los tiempos.

    _____

3. Ellas son las mejores cantantes del año.

    _____

4. Éste es el lápiz más largo del mundo.

    _____

5. Éste es el lunes más frío del año.

    _____

6. Ella es la mujer más bella de la ciudad.

    _____

Workbook

1.5 Adjectives

1 **¿Un gran ejercicio o un ejercicio grande?** Indica el significado apropiado de estas oraciones.

1. Carlos es un pobre hombre.
_____ a. Carlos es un hombre que gana poco dinero.
_____ b. Carlos es un hombre que da lástima.

2. Es un viejo amigo.
_____ a. Él y yo somos amigos desde hace muchos años.
_____ b. Él es mi amigo y tiene 95 años.

3. Se muda a su antiguo edificio.
_____ a. Se muda a un edificio viejo.
_____ b. Se muda al edificio donde vivía antes.

4. Es un país pobre.
_____ a. Es un país con una economía débil.
_____ b. Es un país que no es respetado por otros países.

5. Mi hija vive en una ciudad grande.
_____ a. Mi hija vive en una ciudad estupenda.
_____ b. Mi hija vive en una ciudad de gran tamaño.

6. Tu madre es una gran persona.
_____ a. Tu madre es una persona gorda y alta.
_____ b. Tu madre es una persona muy buena.

2 **Tu opinión** Completa cada oración con las dos cualidades que tú prefieras en cada caso. Usa la forma correcta de los adjetivos de la lista.

autoritario	falso	organizado	simpático
bueno	feliz	romántico	tacaño
cariñoso	gracioso	sensato	tradicional
divertido	(in)maduro	sensible	tranquilo

1. Mis profesores son _____ y _____.
2. Mi mejor amigo es _____ y _____.
3. No me llevo bien con las personas que son _____ y _____.
4. Mi pareja ideal es _____ y _____.
5. Mis padres son _____ y _____.
6. Mi cantante favorito es _____ y _____.
7. Mis amigas son _____ y _____.
8. Mis vecinos ideales son _____ y _____.

ATANDO CABOS

Lectura

1   **Antes de leer**   ¿Cuáles son las ciudades más grandes de tu país? Ordénalas según el tamaño (*size*). ¿Tienen algo en común?

_____

_____

_____

MÉXICO D.F., UNA MEGAMETRÓPOLI

La Ciudad de México (México D.F.) es una verdadera megametrópoli. Hoy en día, es considerada la ciudad más grande de toda América Latina y una de las más grandes del mundo. Según algunas estadísticas, es también una de las más pobladas después de Tokio. México D.F. atrae a miles de inmigrantes y turistas por ser el centro cultural, político y económico del país.

México D.F. fue construida sobre la antigua Tenochtitlán, capital del Imperio azteca, la cual fue fundada en 1325 sobre una isla. En 1521, los conquistadores españoles, al mando de Hernán Cortés, destruyeron esa majestuosa ciudad y fundaron lo que hoy es la moderna capital del país.

La Plaza de la Constitución, en México D.F.

En el centro de la ciudad está la llamada Plaza de la Constitución, conocida popularmente como El Zócalo. Durante el período azteca, El Zócalo era el corazón de la ciudad, y hoy día aún sigue siéndolo. Alrededor de El Zócalo, se encuentran la Catedral Metropolitana y el Palacio Nacional, actual sede del gobierno mexicano. Es aquí donde tienen lugar las mayores celebraciones nacionales y los desfiles militares más importantes. El centro histórico de la ciudad, ubicado en los alrededores de El Zócalo, es un microcosmos de arte, monumentos, tiendas y magníficos restaurantes, bares y cantinas. Los aficionados al fútbol se congregan (*gather*) en el estadio Azteca. En este estadio se jugaron dos finales de la Copa Mundial de Fútbol: en 1970 y en 1986.

2   **Después de leer**   Contesta estas preguntas con oraciones completas.

1. ¿Por qué se dice que México D.F. es una megametrópoli?

_____

2. ¿Por qué México D.F. atrae a tantos inmigrantes y turistas?

_____

3. ¿Sobre qué antigua ciudad fue construida la Ciudad de México?

_____

4. ¿Qué lugar es considerado el corazón de la Ciudad de México?

_____

5. ¿Cuál es la sede del gobierno mexicano en la actualidad?

_____

6. ¿Qué se puede ver en el centro histórico de México D.F.?

_____

Composición

3 **Preparación** Imagina que tienes un(a) nuevo/a amigo/a que vive en la Ciudad de México. Describe tu personalidad y la personalidad de tu amigo/a.

Mi personalidad	La personalidad de mi amigo/a
_____	_____
_____	_____
_____	_____

Ahora, busca información en la lectura anterior, *México D.F., una megametrópoli*, en los apuntes culturales del libro de texto y en sitios web en Internet. Luego, escribe una lista de los lugares (*places*) que a ti y a tu amigo/a les gustaría visitar según la personalidad de cada uno.

Lugares que quiero visitar yo   **Lugares que quiere visitar mi amigo/a**

_____   _____

_____   _____

_____   _____

_____   _____

4 **¡Escríbelo!** Vas a viajar a México D.F. en una semana para visitar a tu amigo/a. Usa la información de la actividad anterior para escribir un programa de actividades con los lugares que van a visitar y las actividades que van a hacer allí durante una semana.

El lunes mi amigo/a y yo vamos a buscar un hotel cerca de El Zócalo y vamos a descansar. Mi amigo/a es

_____ y él/ella prefiere _____
    (adjetivo)

_____

_____

_____

_____

_____

_____

_____

_____

_____

CONTEXTOS

Lección 2
Las diversiones

1   **Palabras relacionadas** Indica qué palabra no pertenece al grupo.

1. celebrar   brindar   festejar   aburrirse
2. equipo   torneo   discoteca   entrenador
3. cantante   árbitro   concierto   grupo musical
4. estreno   escenario   taquilla   boliche

2   **La entrega de premios** Completa la conversación con las palabras de la lista.

actores	asiento	conseguir	entradas	hacer cola
aplaudir	boletos	divertir	escenario	taquilla

ADRIANA   Mira cuánta gente hay en la (1) _____.

NATALIA   ¡Qué suerte! Nosotras no tenemos que (2) _____ . Ya tenemos las (3) _____.

ADRIANA   Natalia, estamos muy cerca del (4) _____. ¿Cuál es tu (5) _____?

NATALIA   Yo tengo el catorce.

ADRIANA   Vamos a ver a todos los (6) _____. ¡Nos vamos a (7) _____!

NATALIA   ¡Ay, sí! Me van a doler las manos de tanto (8) _____.

ADRIANA   Gracias por (9) _____ los (10) _____.

3   **Mis pasatiempos favoritos** Empareja las palabras de las dos columnas. Después, escribe oraciones lógicas sobre tus pasatiempos favoritos. Usa al menos seis palabras de la lista.

_____ 1. cine	a. obra de teatro
_____ 2. ajedrez	b. empate
_____ 3. goles	c. juego de mesa
_____ 4. escenario	d. entrenador
_____ 5. equipo	e. álbum
_____ 6. conjunto musical	f. película

1. _____
2. _____
3. _____
4. _____
5. _____
6. _____

4 **¿Qué hacemos?** Escribe sugerencias sobre cómo divertirse en cada una de estas situaciones.

> **modelo**
>
> Es el mediodía. Juan terminó el examen y tiene la tarde libre.
> *Juan puede divertirse y disfrutar de la tarde sin estudiar.*

1. Es viernes por la noche. Tú y tus amigos no tienen mucha energía. _____
   _____

2. Es sábado por la mañana y es un día de sol. Marcos se pasó la semana estudiando. _____
   _____

3. Es sábado por la noche. ¡No tengo planes! _____
   _____

4. Es domingo por la tarde y llueve muchísimo. Mara y Laura querían salir a comer. _____
   _____

5 **Fin de semana de lluvia**

A. Haz una lista de tus actividades favoritas para el fin de semana en orden de preferencia.

1. _____   4. _____   7. _____
2. _____   5. _____   8. _____
3. _____   6. _____   9. _____

B. Según el pronóstico, este fin de semana va a llover. ¿Puedes hacer todas las actividades de la parte **A**? ¿Por qué? Escribe un párrafo sobre lo que haces y no haces en un fin de semana de lluvia.

En un fin de semana de lluvia, yo _____

_____

_____

_____

_____

_____

_____

_____

_____

_____

_____

_____

_____

_____

_____

Workbook

ESTRUCTURA

2.1 Object pronouns

1 **¿Para qué sirve?** Escribe al menos tres cosas que haces con cada uno de los objetos o situaciones. Usa pronombres de complemento directo.

1. una película: _la alquilo, la veo, la compro, la disfruto…_ _____

2. un videojuego: _____

3. unas entradas: _____

4. los discos compactos: _____

5. el partido de fútbol: _____

2 **¿A qué se refieren?** Lee los textos escritos por periodistas e indica a qué o a quién(es) se refiere cada pronombre subrayado.

> **GOL** Durante el primer tiempo, el partido fue muy aburrido. Pero en el segundo tiempo, el San Martín <u>lo</u> animó y <u>le</u> ganó al Santiago 3 a 1. Dos fanáticos comentaron:
> (1)   (2)
> "No <u>nos</u> llamó la atención. El San Martín siempre <u>nos</u> da el premio de la victoria."
> (3)   (4)

1. _____   3. _____

2. _____   4. _____

> **TELEVISIÓN** La cadena GBJ va a retransmitir esta noche el controvertido video musical del grupo Niquis. El director de la cadena, Alberto Anaya, <u>nos</u> envió un fax a los
> (5)
> periodistas para informar<u>nos</u> de su decisión. El video muestra al cantante del grupo
> (6)
> protestando contra la guerra. La Asociación de Televidentes acepta que <u>lo</u> muestren con
> (7)
> una condición: que el Señor Anaya no <u>lo</u> transmita en horario infantil.
> (8)

5. _____   7. _____

6. _____   8. _____

3 **En la radio** Completa la entrevista con los pronombres adecuados.

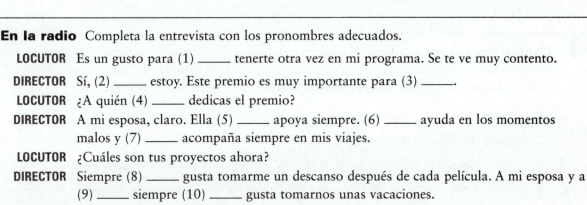

LOCUTOR Es un gusto para (1) _____ tenerte otra vez en mi programa. Se te ve muy contento.

DIRECTOR Sí, (2) _____ estoy. Este premio es muy importante para (3) _____.

LOCUTOR ¿A quién (4) _____ dedicas el premio?

DIRECTOR A mi esposa, claro. Ella (5) _____ apoya siempre. (6) _____ ayuda en los momentos malos y (7) _____ acompaña siempre en mis viajes.

LOCUTOR ¿Cuáles son tus proyectos ahora?

DIRECTOR Siempre (8) _____ gusta tomarme un descanso después de cada película. A mi esposa y a (9) _____ siempre (10) _____ gusta tomarnos unas vacaciones.

4 **Consejos** Completa las oraciones reemplazando las palabras subrayadas con los pronombres adecuados.

1. Saluda a los espectadores.
   Recuerda: *Debes saludarlos./Los debes saludar.*

2. No olvides las cámaras.
   Recuerda: _____

3. No muevas tanto la boca al hablar.
   Recuerda: _____

4. Evita los gestos exagerados con la cara y las manos.
   Recuerda: _____

5. Deja las escenas de riesgo para tu doble.
   Recuerda: _____

6. Escucha al director.
   Recuerda: _____

7. Estudia bien el guión de tu personaje.
   Recuerda: _____

8. Trata a los otros actores bien.
   Recuerda: _____

5 **Entrevista** Completa la entrevista que un periodista le hace a un actor famoso. El actor contradice todo lo que dice el periodista. Usa los pronombres adecuados en las respuestas del actor.

modelo

PERIODISTA Mi colega dijo que el público odia tu nueva película.
ACTOR *No, no la odia.*

1. **PERIODISTA** Un colega periodista los vio a ti y a tu amiga, Laura Luna, cenando en un restaurante. ¿Es verdad? ¿Los vio?
   ACTOR _____

2. **PERIODISTA** También me contó que te pidió un autógrafo.
   ACTOR _____

3. **PERIODISTA** Él me dijo que… no pagaste la cena de tu amiga.
   ACTOR _____

4. **PERIODISTA** Y también me dijo que no les diste propina (*tip*) a los camareros.
   ACTOR _____

5. **PERIODISTA** Él me dijo que le diste un beso a tu amiga.
   ACTOR _____

6 **Conciertos** Imagina que eres el/la nuevo/a secretario/a de cultura de tu ciudad. Contesta las preguntas de un periodista sobre eventos musicales en tu ciudad. Usa pronombres de complemento directo. Palabras útiles: **la taquilla, el público, el representante artístico, el organizador de la feria.**

1. ¿Quién elige a los grupos musicales? _____

2. ¿Quién contrata a los artistas? _____

3. ¿Quién negocia el contrato de los músicos? _____

4. ¿Dónde puedo comprar las entradas para un concierto? _____

2.2 *Gustar* and similar verbs

1 **¡Opiniones diferentes!** Completa la conversación entre Pablo y Raquel con la forma correcta de los verbos de la lista y los pronombres adecuados. En algunos casos, más de una respuesta es posible. No repitas los verbos.

aburrir	doler	fascinar	interesar
disgustar	encantar	gustar	molestar

PABLO ¡Cómo me estoy divirtiendo! (1) _____ este grupo musical.

RAQUEL Pues a mí (2) _____ y (3) _____ la música tan alta (*loud*), además (4) _____ la cabeza.

PABLO A ti siempre (5) _____ todo lo que a mí (6) _____.

RAQUEL La próxima vez vamos a ver una película; yo sé que (7) _____ el cine. Podemos invitar a Andrés.

PABLO Sí, a Andrés y a mí (8) _____ todas las películas, especialmente los grandes estrenos.

2 **De turismo** Un periodista entrevista a un grupo de turistas que están visitando la Ciudad de México. Escribe las preguntas del periodista.

1. (aburrir / la ciudad / a ti) ¿_____?
2. (gustar / los edificios / a ti) ¿_____?
3. (caer bien / la gente / a ustedes) ¿_____?
4. (preocupar / la calidad de los restaurantes / a usted) ¿_____?
5. (interesar / el arte / a ustedes) ¿_____?
6. (faltar / lugares de entretenimiento / a la ciudad) ¿_____?

3 **Opiniones** Completa las respuestas de algunos turistas a las preguntas de la actividad anterior.

1. Raúl: "¡No! ¡Al contrario! Es grande y divertida. La ciudad no ___me aburre___ (aburrir) ni un poquito."
2. Eugenia: "Son hermosos. El estilo modernista _____ (gustar) especialmente."
3. Esteban y Mariela: "La gente _____ (caer) muy bien. Nos tratan maravillosamente en todos lados. La gente aquí es muy cálida."
4. Pepe: "Sí, la calidad de los restaurantes _____ (preocupar) un poco, porque quiero comer bien. Aunque hasta ahora, son excelentes."
5. Mariano y Lisa: "Sí, el arte _____ (interesar) mucho. Vamos a visitar todos los museos."
6. Roberto: "Sitios de entretenimiento es lo que menos _____ (faltar) a la ciudad."

4 **Preferencias** Escribe oraciones lógicas usando en cada una un elemento de cada columna.

mis amigos	fascinar	jugar al fútbol
yo	molestar	hacer cola
tu entrenador	aburrir	ganar partidos
los espectadores	gustar	los conciertos
los jugadores	encantar	vender discos
el cantante	importar	el ajedrez
los músicos	disgustar	los pasatiempos
el árbitro	preocupar	perder
el equipo	interesar	ganar
los deportistas	faltar	los espectáculos

1. A mis amigos les molesta hacer cola. _____
2. _____
3. _____
4. _____
5. _____
6. _____
7. _____
8. _____
9. _____
10. _____

5 **Tus gustos** ¿Qué pasatiempos y actividades te gustan? ¿Por qué? Escribe un párrafo de por lo menos seis oraciones expresando tu opinión. Usa **gustar** y otros verbos similares, y el vocabulario de la lección.

_____
_____
_____
_____
_____
_____
_____
_____
_____
_____
_____

Workbook

2.3 Reflexive verbs

1 **La rutina de Carolina** Ordena las oraciones de una manera lógica.

_____ a. Después del desayuno, **se lava** los dientes y **se peina**.

_____ b. Sin embargo, nunca **se levanta** hasta las 7:30.

_____ c. Por último, **se pone** la chaqueta y sale para la oficina.

_____ d. Después de **ducharse**, **se viste**.

_____ e. Carolina **se despierta** a las 7:00 de la mañana cuando suena su despertador.

_____ f. Después de **vestirse**, desayuna.

_____ g. Lo primero que hace después de **levantarse** es **ducharse**.

_____ h. Carolina **se maquilla** después de **peinarse**.

2 **Un día importante** Completa los planes de Raquel con los verbos de la lista. Usa el presente o el infinitivo, según corresponda.

| ducharse | levantarse | ponerse | relajarse |
| enterarse | maquillarse | preocuparse | vestirse |

¡A ver, chicas! Éstos son los planes para mañana. Presten atención porque no quiero (1) _____ mañana. Quiero estar preparada tres horas antes de la ceremonia. Éste es el plan: todas (2) _____ temprano, a las siete de la mañana. Yo necesito unos veinte minutos para (3) _____. Luego, (4) _____ un rato mientras espero a la peluquera (*hairdresser*). Después, (5) _____; el vestido es tan bonito… ¡Qué nervios! Luego (6) _____ yo sola porque no me gusta que nadie me toque la cara. Seguramente Juan también va a (7) _____ muy nervioso, como yo. Pero seguro que los invitados no van a (8) _____ de lo nerviosos que estamos.

3 **¿Voy o me voy?** Completa las oraciones con la forma adecuada del verbo que está entre paréntesis.

1. Ana y Juan _____acuerdan_____ (acordar) no pelear más.
2. Ana y Juan _____se acuerdan_____ (acordar) de su primera cita.
3. Carmen y yo _____ (ir) temprano de la fiesta.
4. Carmen y yo _____ (ir) a la fiesta muy mal vestidos.
5. Martín y Silvia _____ (llevar) muy bien.
6. Martín y Silvia _____ (llevar) a los niños a un picnic.
7. Sebastián _____ (poner) la camisa sobre la cama.
8. Sebastián _____ (poner) la camisa roja.
9. Yo _____ (reunir) el material que necesito para terminar el proyecto.
10. Yo _____ (reunir) con mis amigos para terminar el proyecto.

Workbook

4 **¡Sí!** Completa la conversación con algunos verbos de la lista.

acostarse	cepillarse	ducharse	peinarse	quitarse
bañarse	despertarse	lavarse	ponerse	secarse

MADRE   ¿Pueden (1) _____ la cara? Es muy feo estar con la cara sucia.

LOS NIÑOS   Sí, mamá, (2) _____ la cara.

MADRE   También tienen que (3) _____. Es muy feo salir despeinados.

LOS NIÑOS   Sí, mamá, ya (4) _____.

MADRE   Y (5) _____ los dientes. Es importante hacerlo después de cada comida.

LOS NIÑOS   Sí, mamá, ahora mismo (6) _____ los dientes.

MADRE   Felipe, ¿puedes (7) _____ el pantalón marrón? Es el mejor que tienes.

FELIPE   Sí, mamá, ya (8) _____ el pantalón marrón.

MADRE   Felisa, debes (9) _____ los zapatos viejos. No quiero que salgas con zapatos tan gastados.

FELISA   Sí, mamá, ahora mismito (10) _____ los zapatos viejos.

MADRE   Bien. Entonces ya podemos ir al zoológico.

5 **Un asistente con paciencia** Completa las preguntas que le hace Miguel al director. Usa las preposiciones **de, en** o **a**.

1. ¿Se acordó _____ hablar con el conjunto *Los maniáticos*?
2. ¿Se dio cuenta _____ que las invitaciones no están bien?
3. ¿Se acordó _____ que el líder del grupo se quejó _____ la decoración?
4. ¿Se dio cuenta _____ que los músicos se fijaron _____ la suciedad del escenario?
5. ¿Se enteró _____ que el chef está enfermo?
6. ¿Se acordó _____ que la banda quiere pizza y gaseosa (*soda*)?
7. ¿Se sorprendió _____ que los fans del grupo no quieran venir al concierto?
8. ¿Se acercó _____ la oficina del representante para ver si ya estaba todo arreglado?

6 **Dos rutinas** Escribe un párrafo para comparar tu rutina diaria con la de un pariente que sea muy diferente a ti (diferente estilo de vida, generación, carácter). Usa estos verbos y, por lo menos, dos más que no estén en la lista.

acostarse	cepillarse	maquillarse
afeitarse	ducharse	vestirse

_____

_____

_____

_____

_____

_____

MANUAL DE GRAMÁTICA

2.4 Demonstrative adjectives and pronouns

1 Completar Completa la conversación entre Paulina y César con las palabras de la lista.

esa	esto	ésta	eso	esos	ésta	esto

PAULINA ¿Qué es (1) _____ que tienes en la mano?

CÉSAR (2) _____ es una entrada para ver a tu grupo de rock favorito.

PAULINA (3) _____ entrada no puede ser para el concierto de Jaguares.

(4) _____ boletos ya están vendidos (*sold out*) hace meses.

CÉSAR Quizá no te lo creas, pero (5) _____ es tu entrada y

(6) _____ es la mía.

PAULINA ¡(7) _____ es lo mejor que me ha pasado en la vida, gracias!

2 Oraciones Escribe oraciones lógicas usando estos elementos.

1. aquélla/discoteca: *Aquélla es la discoteca donde va a actuar el grupo musical.*

2. este/disco compacto: _____

3. éste/cantante: _____

4. ese/grupo musical: _____

5. aquel/festival: _____

6. estas/espectadoras: _____

7. aquellas/entradas: _____

8. ésas/taquillas: _____

3 Casas de famosos Teresa es guía turística y hoy hace una excursión por las casas de los famosos en Hollywood. Escribe lo que ella les dice a los turistas durante el recorrido. Usa adjetivos y pronombres demostrativos.

modelo

En esa casa vive George Clooney. Aquélla es la mansión de...

_____
_____
_____
_____
_____

2.5 Possessive adjectives and pronouns

1 **Completar** Completa el párrafo con los posesivos apropiados.

Me llamo Andrés y vivo en el circo. (1) _____ (mi / tu / su) familia y yo

practicamos (2) _____ (vuestro / mis / nuestro) espectáculo antes de cada función.

(3) _____ (nuestra / nuestro / nuestros) espectadores siempre hacen largas colas en

la taquilla para comprar (4) _____ (su / sus / vuestras) boletos. Si no sabes qué hacer con

(5) _____ (mi / tu / su) tiempo libre, debes venir a (6) _____ (nuestro /

vuestro / su) circo.

2 **El mío es mejor** Guillermo y Emilio son dos amigos muy competitivos. Completa su conversación con los posesivos de la lista.

el mío	mi	mis
el nuestro	mi	nuestro
el tuyo	mi	los míos

GUILLERMO (1) _____ equipo de fútbol es muy bueno.

EMILIO (2) _____ es mejor que (3) _____.

GUILLERMO (4) _____ jugadores siempre marcan goles.

EMILIO (5) _____ también y entretienen a los espectadores.

GUILLERMO El entrenador de (6) _____ equipo es muy profesional.

EMILIO Mi hermano y yo creemos que (7) _____ club deportivo es más popular.

GUILLERMO No es verdad. (8) _____ club deportivo tiene más miembros.

EMILIO Es mentira. (9) _____ siempre está presente en todos los torneos.

3 **¿De quién es?** Escribe preguntas y contéstalas usando el pronombre posesivo que corresponde a la(s) persona(s) indicada(s).

1. el ajedrez/Jaime _¿De quién es este ajedrez? Este ajedrez es suyo._

2. el billar/Alejandra y Pamela _____

3. el disco compacto/yo _____

4. las cartas/tú _____

5. la televisión/Antonio _____

6. los videojuegos/nosotros _____

ATANDO CABOS

Lectura

1   **Antes de leer** ¿Qué tipo de música te gusta escuchar?

_____

_____

_____

La música latina

En los últimos años, la música latina se ha convertido en un verdadero fenómeno de masas. Son muchos los artistas hispanos que han conseguido un extraordinario éxito en el mercado internacional: Shakira, Julieta Venegas, Juanes, Ricky Martin y el grupo Calle 13, entre otros.

¿Por qué la música latina le gusta tanto al público estadounidense? Lo que está claro es que lo latino está de moda. ¿Quieres saber algo más sobre algunos de estos artistas?

El célebre guitarrista mexicano Carlos Santana triunfó en el festival de Woodstock de 1969 con su estilo original, una fusión de rock y ritmos afrocubanos. Ha obtenido numerosos premios y, en 1998, recibió su estrella en el Camino de la Fama en Hollywood. Su álbum *Supernatural* recibió ocho premios Grammy en el año 2000. En 2002 y 2005 sacó dos nuevos álbumes. En 2009, recibió un reconocimiento a su trayectoria en los Premios Billboard de la Música Latina.

El grupo mexicano Zoé es uno de los más reconocidos del rock latino. Cuenta con más de cinco discos y sus canciones han llegado a todos los continentes. Zoé ha recibido incontables premios. En 2011 la banda lanza el álbum *MTV Unplugged: Música de fondo*, el cual recibió disco de platino por sus numerosas ventas.

La colombiana Shakira saltó a la fama mundial con el disco *Pies descalzos*. A los 14 años grabó su primer álbum. A lo largo de su carrera, ha recibido galardones (*awards*) que incluyen varios premios Grammy, Billboard y MTV Latinoamérica. Su inconfundible voz y su vitalidad la han convertido en una estrella internacional.

2   **Después de leer**

A. ¿Cierto o falso? Indica si las siguientes oraciones son **ciertas** o **falsas** y corrige las falsas.

Cierto	Falso	
❑	❑	1. La música latina tiene éxito en los EE.UU. porque lo latino está de moda.
❑	❑	2. Carlos Santana es de Colombia.
❑	❑	3. El álbum *Supernatural* de Santana consiguió diez premios Grammy.
❑	❑	4. Shakira ha recibido premios Grammy, Billboard y MTV Latinoamérica.
❑	❑	5. El grupo Zoé es conocido sólo en México.

B. Responder   Contesta estas preguntas con oraciones completas.

1. ¿Dónde triunfó Santana por primera vez en los EE.UU.?

_____

2. ¿Qué características han convertido a Shakira en una artista internacional?

_____

3. ¿Por qué el grupo Zoé recibió un disco de platino en el 2011?

_____

Composición

3 **Preparación** El próximo fin de semana se va a celebrar en tu comunidad el Festival Cultural Mexicano. Imagina que tú tienes que escribir un artículo en el periódico para anunciar el festival. Escribe una lista de cinco artistas latinos —actores, directores de cine, cantantes, etc.— que van a estar presentes en el festival. Luego, piensa en los eventos y actividades culturales en los que cada uno de ellos va a participar. Puedes buscar información en la lectura *La música latina* y en las lecturas de tu libro de texto.

Los artistas	Los eventos y las actividades

4 **¡Escríbelo!** Escribe un artículo anunciando el Festival Cultural Mexicano.

- Describe el evento nombrando las celebridades que asistirán y concéntrate en uno o dos artistas.
- Incluye una cita (*quote*) de los artistas elegidos o una minientrevista para que tu artículo sea más interesante. ¡Sé creativo/a!
- Termina tu artículo dando información sobre la hora y el lugar, y dónde se consiguen las entradas. También incluye un número de teléfono y un sitio de Internet.

_____

_____

_____

_____

_____

_____

_____

_____

_____

_____

CONTEXTOS

Lección 3
La vida diaria

1 **Costumbres del mundo hispano** Elige la opción apropiada para completar cada oración.

1. Muchos dicen que llegar tarde es una costumbre del mundo hispano. A los millones de hispanos que llegan _____ a eventos y reuniones les molesta este estereotipo.

   a. a tiempo   b. a veces   c. a menudo

2. En Argentina, es costumbre cambiarse antes de salir con amigos, o ir a la iglesia, un restaurante o cualquier evento social. Algunas mujeres son muy coquetas y _____ se las ve desarregladas.

   a. de repente   b. casi nunca   c. a propósito

3. En España, es muy común que los amigos se visiten sin avisar (*without notice*). Al llegar a la casa, la persona solamente debe _____.

   a. quitar la puerta   b. tocar la bocina   c. tocar el timbre

4. En el Perú, la mayoría de las compras se hacen con _____ o tarjeta de crédito. En muy pocos casos se hacen compras a través de Internet.

   a. débito   b. dinero en efectivo   c. reembolso

5. En países como España, a veces es difícil _____ a la hora del almuerzo porque muchas tiendas y oficinas cierran por tres o cuatro horas.

   a. tocar el timbre   b. hablar por teléfono   c. hacer mandados

6. En algunos países de Latinoamérica puedes pagar las cuentas de gas y de teléfono en _____.

   a. el restaurante   b. el supermercado   c. el probador

2 **Palabras relacionadas** Empareja las palabras de la primera columna con las palabras relacionadas de la segunda columna. Luego, escribe cuatro oraciones usando al menos seis palabras de la lista.

_____ 1. quitar el polvo   a. tarjeta de crédito
_____ 2. ir de compras   b. centro comercial
_____ 3. probarse   c. barato
_____ 4. ganga   d. probador
_____ 5. devolver   e. muebles
_____ 6. dinero en efectivo   f. reembolso

1. _____

2. _____

3. _____

4. _____

3 **Tu vida diaria** Contesta las preguntas con oraciones completas.

1. ¿Vas de compras al centro comercial? ¿O prefieres ir a tiendas locales más pequeñas? ¿Por qué?

_____

2. ¿Quién hace los quehaceres en tu casa? ¿Tú ayudas? ¿Con qué frecuencia?

_____

3. Menciona tres cosas que haces por la mañana y tres cosas que haces por la tarde.

_____

4 **De compras**

A. Lucía salió de compras con su hija. Ordena las oraciones de una manera lógica.

_____ a. Lucía decidió comprarle el vestido más bonito, que era también el más caro.

_____ b. Al salir del trabajo, recogió a su hija en la escuela y se fue con ella al centro comercial.

__1__ c. Hoy Lucía se levantó muy temprano.

_____ d. Cuando llegaron al centro comercial, Lucía y su hija se fueron directamente a la sección de vestidos.

_____ e. Finalmente, Lucía y su hija se fueron del centro comercial contentas de haber encontrado el vestido perfecto para la fiesta.

_____ f. Llegó al trabajo una hora y media antes de lo habitual.

_____ g. Su hija se probó allí varios vestidos para la fiesta de fin de año de la escuela.

_____ h. Lucía pagó con tarjeta de crédito en tres cuotas.

B. Imagina que eres la hija de Lucía. Escribe en tu diario cómo es habitualmente la experiencia de ir de compras con tu mamá.

a menudo	casi nunca	en el acto
a veces	de vez en cuando	por casualidad

Cuando voy de compras con mi mamá, casi nunca… _____

_____

_____

_____

_____

_____

5 **¿Qué prefieres?** Escribe lo que vas a hacer este fin de semana usando por lo menos cinco palabras o frases de la lista.

ir de compras al centro comercial	hacer mandados
mirar televisión	arreglarse para salir
barrer	jugar videojuegos
cocinar	quitar el polvo

_____

_____

_____

_____

_____

_____

_____

ESTRUCTURA

3.1 The preterite

1   **Ser o ir** Indica qué verbo se utiliza en cada oración.

	ser	ir
1. Ayer hizo mucho calor. <u>Fui</u> a la piscina para refrescarme y tomar sol.	❑	❑
2. La semana pasada me visitó Mario. Él <u>fue</u> mi primer novio.	❑	❑
3. El año pasado <u>fue</u> muy difícil para mí. Tuve que trabajar y estudiar al mismo tiempo.	❑	❑
4. Esta semana <u>fui</u> dos veces a visitar a mis abuelos en Sevilla, en el sur de España.	❑	❑
5. El cumpleaños de Hernán <u>fue</u> muy aburrido. Para empezar, había pocos invitados y, justo cuando queríamos bailar, ¡el reproductor de MP3 se rompió!	❑	❑

2   **Una fiesta en la oficina** Esther está organizando una fiesta. Completa sus preguntas usando la forma correcta del pretérito de los verbos entre paréntesis.

1. ¿ _____ (subir) ustedes las bebidas?

2. Marta, ¿y tú?, ¿ _____ (poner) la comida en el refrigerador?

3. Y tú, Eva, ¿ _____ (tener) tiempo para buscar los discos compactos?

4. Marta y Eva ¿les _____ (dar) la dirección a los invitados?

5. Marta, ¿ _____ (hacer) las compras en el supermercado?

6. Ustedes, ¿ _____ (empezar) a limpiar la oficina?

3   **¿Qué hicieron el fin de semana?** Juan, Marcos y Lucía son compañeros de trabajo. Los lunes por la mañana, se cuentan lo que hicieron el fin de semana. Escribe lo que dijo cada uno.

Juan...

1. traducir / artículo _____

2. leer / periódico _____

3. ir / supermercado _____

Marcos...

4. hacer / mandados _____

5. dormir / siesta _____

6. lavar / ropa _____

Lucía y su esposo...

7. escuchar / radio _____

8. ir / centro comercial _____

9. hacer / quehaceres _____

Workbook

4 **¿Qué pasó?** Marta no pudo ir a la fiesta de Esther. Completa la conversación telefónica con la forma correcta del pretérito de los verbos de la lista.

decir	llamar	perder	preguntar	tener
hacer	olvidar	poder	ser	venir

ESTHER Ayer tú no (1) _____ a la fiesta. Todos los invitados

(2) _____ por ti.

MARTA Uy, lo siento, pero mi día (3) _____ terrible. Por la mañana, yo

(4) _____ mi cartera con el documento de identidad y las tarjetas de

crédito. Y Javier y yo (5) _____ que ir a la comisaría (*police department*).

ESTHER ¿De verdad? Lo siento. ¿Por qué ustedes no me (6) _____ por teléfono?

MARTA Nosotros no (7) _____ llamar a nadie. Yo (8) _____ mi

teléfono celular en la casa.

ESTHER ¿Y qué te (9) _____ la policía?

MARTA Nada. Ellos me (10) _____ esperar horas allí y al final me dijeron que

tenía que volver al día siguiente…

5 **Cuéntalo** Imagina que eres Esther. Escríbele una carta a una amiga contándole por qué Marta no pudo ir a tu fiesta. Usa el pretérito.

La fiesta fue muy divertida, pero Marta no pudo venir...

_____

_____

_____

_____

_____

_____

6 **¿Qué te pasó?** Piensa en alguna historia divertida que te sucedió a ti y describe qué pasó, cuándo ocurrió, etc. Escribe por lo menos cinco oraciones. Usa por lo menos cuatro verbos de la lista en el pretérito.

comer	dormir	pedir	querer
conducir	hacer	poner	traer

_____

_____

_____

_____

3.2 The imperfect

1 **Tomás de vacaciones** Completa las oraciones con la forma correcta del imperfecto de los verbos entre paréntesis.

Fui al Corte Inglés, un almacén (*department store*) que (1) _____ (quedar) un poco lejos de mi hotel. (2) _____ (haber) mucho tráfico y yo no (3) _____ (querer) tomar un taxi. Fui a la parada, pero el autobús no (4) _____ (venir), así que decidí caminar por La Castellana. Al llegar, vi a muchas personas que (5) _____ (estar) comprando ropa. (6) _____ (haber) muchísimas gangas. Todo el mundo me (7) _____ (saludar) muy amablemente. No (8) _____ (pensar) comprar nada, pero al final compré unos cuantos regalos. También (9) _____ (haber) restaurantes cerca del almacén. Los camareros (*waiters*) (10) _____ (ser) muy amables. Al final, fui a comer a un restaurante de tapas buenísimo.

2 **Recuerdos** Completa las oraciones con la forma correcta del imperfecto de los verbos entre paréntesis.

Cuando era niña, (1) _____ (vivir) con mis padres y mis hermanos. Yo soy la mayor. Mi madre empezó a trabajar cuando yo (2) _____ (tener) doce años, así que yo (3) _____ (cuidar) a mis hermanos menores. Todas las mañanas, los (4) _____ (despertar) y les (5) _____ (hacer) el desayuno. Después, mis hermanos y yo (6) _____ (ir) a la escuela. Cuando nosotros (7) _____ (volver) de la escuela, yo (8) _____ (hacer) la tarea.
Yo (9) _____ (saber) que no (10) _____ (poder) ir a la escuela que yo (11) _____ (querer) porque estaba muy lejos, y el autobús no pasaba por mi casa. Así que fui a la que (12) _____ (estar) cerca de casa y allí conocí a quienes hoy son mis mejores amigos.

3 **Diferencias culturales** Dos semanas después de su llegada a España, un estudiante llamó a su familia. Completa las oraciones según el modelo.

> **modelo**
> Yo pensaba que *en España hacía siempre calor,* pero hay días en que hace frío.

1. Yo creía que _____, pero muchos españoles hablan inglés.
2. Yo pensaba que _____, pero todavía hay oficinas y tiendas que cierran tres horas para el almuerzo y la siesta.
3. Antes creía que _____, pero, en verdad, en algunas regiones también se hablan otros idiomas.
4. Antes pensaba que _____, pero ahora adoro la comida española.
5. Creía que _____, pero es más grande que mi ciudad.

4 **De niños** Usa los verbos entre paréntesis para completar las oraciones contando lo que hacían estas personas cuando eran pequeñas. Sigue el modelo.

> **modelo**
> Héctor es arquitecto. De niño (construir) *construía casas de barro (mud)*
> *en el patio de su casa.*

1. Marcela es maestra. De niña (enseñar) _____.

2. Gustavo es filósofo. De niño (preguntar) _____.

3. Daniel es contador (*accountant*). De niño le (gustar) _____.

4. Miguel es músico. De niño (cantar) _____.

5. Yo soy bailarina. De niña (bailar) _____.

6. Isabel y Teresa son escritoras. De niñas (leer) _____.

7. Pablo y yo somos policías. De niños (jugar) _____.

5 **Tu infancia** Contesta estas preguntas sobre tu infancia con oraciones completas.

1. ¿Con quién vivías cuando eras niño/a?
_____

2. ¿Cuántos/as amigos/as tenías?
_____

3. ¿Qué juegos preferías?
_____

4. ¿Qué libros te gustaba leer?
_____

5. ¿Qué programas veías en la televisión?
_____

6. ¿Cómo era tu personalidad?
_____

6 **Otras generaciones** Busca a una persona mayor que tú —puede ser tu madre, tu padre, tu abuelo/a o algún profesor— y hazle una entrevista sobre su infancia. Puedes usar como guía la actividad anterior. Escribe al menos cinco preguntas y las respuestas de la persona que entrevistaste.

_____
_____
_____
_____
_____
_____

3.3 The preterite vs. the imperfect

1 **Todo en orden** Completa el texto con la forma apropiada del verbo entre paréntesis.

Después de pasar tres días en cama, Miguel (1) _____ (levantarse) para ir un rato a la oficina.
(2) _____ (querer) limpiar un poquito y prepararles el café a los muchachos, pero cuando
(3) _____ (llegar), (4) _____ (encontrarse) con una sorpresa. Andrea
(5) _____ (pasar) la aspiradora por las alfombras. Francisco le (6) _____ (quitar)
el polvo a los escritorios con un plumero. Daniel (7) _____ (limpiar) las computadoras.
Verónica (8) _____ (servir) el café. Nuria (9) _____ (hacer) la limpieza del baño.
Y Carlos (10) _____ (ocuparse) de su oficina. Todos (11) _____ (sorprenderse)
cuando (12) _____ (ver) a Miguel. Rápidamente lo (13) _____ (enviar) de nuevo a
la cama. En la oficina, todo (14) _____ (estar) en orden.

2 **Quehaceres cotidianos** Completa el párrafo con las palabras y expresiones de la lista.

al final	después de (2)	luego	primero
antes	la última vez	mientras (2)	siempre

El señor Gómez (1) _____ se levantaba a las seis de la mañana. Vivía cerca de la oficina,
pero le gustaba llegar temprano. (2) _____ de salir de su casa, tomaba un desayuno bien
completo: café con leche, tostadas, queso y fruta. Ya en la oficina, (3) _____ se reunía
con su secretaria para repasar (*go over*) la agenda del día. (4) _____ repasar la agenda,
se tomaba un café (5) _____ leía las noticias del día. (6) _____, el señor Gómez
recibía a los clientes que querían hablar con él. Su rutina cambió mucho (7) _____ jubilarse,
pero (8) _____ se acostumbró a la nueva vida. (9) _____ disfruta de su tiempo
libre, recuerda con cariño (10) _____ que fue a la oficina.

3 **Cambios** Imagina que tú vivías en el centro de la ciudad, pero el mes pasado te compraste una casa
en las afueras de la ciudad. Completa las oraciones con la forma correcta del pretérito o el imperfecto
de los verbos entre paréntesis.

1. Antes yo no _____ (conocer) a ninguno de mis vecinos (*neighbors*).

   Ayer _____ (conocer) a todos los vecinos de mi cuadra en una fiesta que organizó

   una vecina.

2. Antes, si mis amigos y yo _____ (querer) salir tarde por la noche, lo hacíamos sin

   preocuparnos por la seguridad.

   El otro día, mis amigos no _____ (querer) venir a verme porque tenían miedo de volver

   de noche a su casa.

3. Hace un mes, no _____ (poder) dormir porque mi calle era ruidosa.

   Ayer, finalmente _____ (poder) dormir como un bebé.

4. Hace un mes, no _____ (saber) que mi vida iba a ser tan diferente.

   Hace poco yo _____ (saber) que una amiga también se había ido de la ciudad.

Workbook

4 **La vida diaria de alguien famoso** Imagina la vida de una persona famosa. Luego, completa estas oraciones con información sobre esta persona usando el pretérito o el imperfecto.

1. Anoche _____

2. Cuando era niño/a _____

3. Durante tres horas _____

4. Esta mañana _____

5. Siempre _____

6. La semana pasada _____

5 **¿Eres el/la mismo/a?** Escribe dos párrafos. En el primer párrafo describe cómo **eras** y lo que **hacías** cuando eras niño/a. En el segundo, describe los sucesos (*events*) más importantes que te ocurrieron el año pasado. Usa al menos seis verbos de la lista en pretérito o en imperfecto, según corresponda.

acostumbrarse	pasarlo bien
averiguar	probar
comprar	relajarse
dar un paseo	ser
decidir	soler
disfrutar	tener
estar	tomar
leer	vivir

Cuando era niño/a _____

_____

_____

_____

_____

_____

_____

El año pasado _____

_____

_____

_____

_____

_____

_____

MANUAL DE GRAMÁTICA

3.4 Telling time

1   **La hora** Escribe la hora que marca cada reloj usando oraciones completas.

1.   2.   3.

1. _____
2. _____
3. _____

2   **Programación** Mira la programación televisiva y contesta estas preguntas.

CANAL 7					
6:00	**6:30**	**7:15**	**8:20**	**9:45**	**10:35**
Trucos para la escuela Cómo causar una buena impresión con poco esfuerzo.	**Naturaleza viva** Documentales.	**Mi familia latina** Divertida comedia sobre un joven estadounidense que va a México como estudiante de intercambio.	**Historias policiales** Ladrones, crímenes, accidentes.	**Buenas y curiosas** Noticiero alternativo que presenta noticias buenas y divertidas de todo el mundo.	**Dibujos animados clásicos** Conoce los dibujos animados que miraban tus padres.

1. ¿A qué hora empieza *Trucos para la escuela*? _____
2. ¿A qué hora termina el documental *Naturaleza viva*? _____
3. ¿Cuándo empieza la comedia *Mi familia latina*? _____
4. ¿A qué hora dan *Historias policiales*? _____
5. ¿A qué hora es el noticiero? _____
6. ¿Cuándo comienzan los *Dibujos animados clásicos*? _____

3   **Antes y ahora** Contesta estas preguntas sobre tus horarios cuando eras niño/a y ahora.

1. levantarse los domingos

    Cuando era niño/a _____*me levantaba a las diez y media.*_____

    Ahora _____

2. acostarse durante la semana

    Cuando era niño/a _____

    Ahora _____

3. almorzar

    Cuando era niño/a _____

    Ahora _____

ATANDO CABOS

Lectura

1   **Antes de leer** ¿Qué costumbres relacionadas con la comida son características de tu cultura?

_____

_____

_____

Los horarios de las comidas

Los horarios del almuerzo varían de país a país. En España, la gente come entre la 1 y las 3 de la tarde (y la palabra *almuerzo* se usa para referirse a un refrigerio que se come a las 11 o las 12). En Argentina, Chile y Colombia, por otro lado, se almuerza generalmente entre las 12 y las 2 de la tarde.

Por lo general, se puede decir que en el mundo hispano las familias se siguen reuniendo para el almuerzo, pues éste es un buen momento para socializar. En muchos países, por ejemplo, los miembros de las familias suelen vivir cerca y se reúnen los fines de semana para almorzar.

- Aunque la costumbre de dormir una breve siesta después del almuerzo se va perdiendo debido a los cambios en los horarios de trabajo, todavía se mantiene con vigor en muchos países, especialmente en pueblos y ciudades pequeñas.

- Un hábito muy común en México consiste en desayunar un café. Aproximadamente a las 11 de la mañana se come una buena ración de tacos. A esta comida se le llama *almuerzo*. La comida principal es entre las 2 y las 4 de la tarde.

- Así como en muchos lugares se consume pan con las comidas, en muchos países existen productos equivalentes. En Venezuela y Colombia, por ejemplo, es común acompañar las comidas con arepas, mientras que en México se acompaña la comida con las tortillas.

2   **Después de leer**

A. Completar Completa estas oraciones con la opción adecuada.

1. En Argentina normalmente se almuerza entre las _____.
   a. tres y las cinco   b. doce y las dos   c. once y las doce

2. El almuerzo en los países latinos es un buen momento para _____.
   a. dormir la siesta   b. socializar   c. trabajar

3. En muchos países hispanos se consumen _____.
   a. distintos tipos de pan   b. otros productos equivalentes al pan   c. tortillas

B. Responder Responde estas preguntas con oraciones completas.

1. ¿Se reúne tu familia tan frecuentemente para comer como en los países latinos?

_____

2. ¿Hay costumbres de los países latinos que te gustaría incluir en tu rutina?

_____

3. ¿Qué costumbres del mundo hispano no funcionarían en tu país?

_____

Workbook

Composición

3 **Preparación** Imagina que estás en España y vas a pasar un semestre en la Universidad de Salamanca con un grupo de estudiantes de tu escuela. Llegaste hace una semana y vas a escribir una carta a tu familia describiendo tu rutina diaria y las actividades que hiciste durante esa primera semana en España.

Piensa en las diferencias de la vida diaria de un estudiante en España y de un estudiante en tu país. Luego, haz una lista de las costumbres de tu país y otra lista de las costumbres y formas de vida españolas. Piensa en los horarios de las comidas, las visitas a amigos, las compras, los lugares que frecuentaste, etc.

Las costumbres de mi país	Las costumbres de España

4 **¡Escríbelo!** Escribe una carta a tu familia contando tu experiencia en España.
- Describe cómo es un día típico en España. Incluye horarios y diferencias culturales.
- Explica las diferencias culturales entre tu país y España.
- Termina la carta con una expresión de despedida, una pregunta a la persona a quien le escribes y un saludo.

_____

_____

_____

_____

_____

_____

_____

_____

_____

_____

_____

_____

_____

_____

_____

Workbook

CONTEXTOS

Lección 4
La salud y el bienestar

1 **La intrusa** Elige la expresión o la palabra que no pertenece al grupo.

1. curarse — ponerse bien — recuperarse — empeorar
2. inflamado — mareado — resfriado — sano
3. la gripe — la vacuna — el virus — la enfermedad
4. la autoestima — el bienestar — la salud — la cirugía
5. el resfriado — el tratamiento — la gripe — la tos
6. el yeso — la aspirina — el jarabe — el calmante
7. contagiarse — enfermarse — empeorar — curativo
8. estar a dieta — toser — adelgazar — engordar

2 **¿Quién lo dice?** Lee los comentarios que una paciente escuchó mientras estaba en el hospital. Luego, indica quién dijo cada uno.

_____ 1. ¿Cuándo me va a quitar el yeso, doctora?   a. un niño que acaba de desmayarse

_____ 2. Con este jarabe para la tos, me voy a poner bien.   b. una enfermera

_____ 3. ¡Este dolor no se me va ni con aspirinas!   c. una niña que tose mucho

_____ 4. ¡La temperatura está muy alta!   d. un paciente con una pierna rota

_____ 5. Mamá, ¿dónde estoy? ¿Qué pasó?   e. una mujer con fiebre

_____ 6. Le voy a poner una vacuna.   f. un chico con dolor de cabeza

3 **Completa** Escribe la palabra que corresponde a cada definición.

1. sinónimo de ponerse bien: _____
2. persona que opera en un hospital: _____
3. lo contrario de adelgazar: _____
4. muy cansada: _____
5. se pone en un hueso roto: _____
6. pastilla para el dolor fuerte: _____
7. quedarse despierto hasta muy tarde en la noche: _____
8. medicina líquida: _____

4 En el hospital Escribe oraciones lógicas usando en cada una dos palabras de la lista que estén relacionadas. Sigue el modelo. Puedes repetir palabras.

cirujano	jarabe	sala de operaciones
consultorio	operación	tos
herida	receta	venda
inyección	resfriado	virus

1. El **cirujano** trabaja en **la sala de operaciones**. _____
2. _____
3. _____
4. _____
5. _____
6. _____

5 Clasificar Clasifica las palabras de la lista en la categoría apropiada. Luego, escribe oraciones lógicas usando en cada una por lo menos dos palabras de la lista.

desmayarse	el resfriado	permanecer en cama
el calmante	estar a dieta	toser
el cáncer	la aspirina	tener fiebre
el jarabe	la gripe	tomar pastillas

Medicamentos	Tratamientos	Enfermedades	Síntomas

1. _____
2. _____
3. _____
4. _____

ESTRUCTURA

4.1 The subjunctive in noun clauses

1   **Enfermo del corazón** Completa la conversación de Gustavo con su médico con la forma adecuada del subjuntivo.

MÉDICO   Buenas tardes. ¿Cómo está usted?

GUSTAVO   Buenas tardes, doctor. Es urgente que me (1) _____ (ayudar). Es posible que (2) _____ (estar) muy enfermo.

MÉDICO   No creo que (3) _____ (ser) tan grave. ¿Qué le sucede?

GUSTAVO   No puedo dormir. No puedo comer. No puedo estudiar. No puedo trabajar.

MÉDICO   Es necesario que me (4) _____ (dar) más información. ¿Tiene fiebre, dolores físicos, tos? ¿Está resfriado? ¿Se ha desmayado?

GUSTAVO   No, nada de eso, pero no quiero que mis amigos me (5) _____ (invitar) a salir; no me gusta que mi jefe me (6) _____ (dar) trabajo; me molesta que mis profesores me (7) _____ (pedir) tareas. Sólo quiero que Pilar (8) _____ (venir) a verme, que me (9) _____ (hablar), que me (10) _____ (mirar), que me...

MÉDICO   ¡Interesante! ¿Y Pilar le habla, lo mira y quiere pasar tiempo con usted?

GUSTAVO   No, ése es el problema.

MÉDICO   Bueno, entonces le sugiero que (11) _____ (quedarse) tranquilo. Y le aconsejo que le (12) _____ (decir) a Pilar lo que usted siente. También le recomiendo que pida una cita con un psicólogo de la clínica.

2   **Consejos** Vuelve a leer la actividad anterior y luego completa estas oraciones usando el presente de subjuntivo.

1. Dudo que Gustavo _____

2. No creo que el doctor _____

3. Es probable que Gustavo _____

4. Ojalá que Pilar _____

5. Temo que Pilar _____

6. Es posible que Gustavo _____

7. Es necesario que Pilar _____

8. Deseo que Gustavo y Pilar _____

3 **¿Qué recomienda el doctor?** Completa las recomendaciones que el doctor Perales les da a sus pacientes con las palabras entre paréntesis. Usa la forma adecuada del verbo.

¿Qué le dijo el doctor...	Recomendaciones
1. al paciente que tiene un yeso en la pierna?	Insisto en que no (apoyar / la pierna) _____ durante 48 horas. No quiero que (romperse / el yeso) _____.
2. al paciente que tiene tos?	Debe dejar de fumar si desea que (mejorar / su salud)_____.
3. a la mujer que tiene el brazo lastimado?	Le recomiendo que (cambiar / la venda) _____ tres veces al día. Espero que no (inflamarse / la herida) _____.
4. a la niña que tiene tos?	Te sugiero que (tomar / este jarabe) _____ si quieres que (curarse / la tos) _____.
5. al paciente que está resfriado?	Es importante que (quedarse / en casa) _____. Tengo miedo que (contagiar / a otras personas) _____.
6. a la madre del niño con gripe?	Es necesario que (vacunar / a su hijo) _____.

4 **La paciente impaciente** Completa la conversación con el presente del indicativo o el presente del subjuntivo de los verbos entre paréntesis.

PACIENTE Buenos días, (1) _____ (desear) que el doctor González me (2) _____ (examinar).

RECEPCIONISTA Buenos días, señora. Lo siento, pero el doctor González no (3) _____ (atender) hoy. ¿La (4) _____ (poder) atender otro doctor?

PACIENTE (5) _____ (querer) que me (6) _____ (atender) el doctor González. No veré a otro doctor.

RECEPCIONISTA Y yo le (7) _____ (recomendar) que (8) _____ (ver) a otro doctor porque el doctor González no (9) _____ (venir) hoy.

PACIENTE (10) _____ (exigir) que le (11) _____ (decir) al doctor González que necesito verlo.

RECEPCIONISTA ¡El doctor González no (12) _____ (venir) hoy!

PACIENTE ¡Dudo que el doctor González no (13) _____ (venir) hoy! Creo que este consultorio (14) _____ (ser) bueno. ¡Pero no estoy segura de que los empleados (15) _____ (ser) competentes! ¡Quiero que (16) _____ (llamar) a su supervisor inmediatamente!

4.2 Commands

1 **El doctor Arriola** El doctor Arriola les dice a sus pacientes lo que tienen que hacer. Escribe mandatos formales (**usted**) usando las notas del doctor.

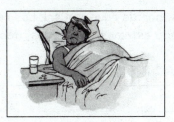 

José tiene gripe.

1. tomarse / temperatura _____
2. acostarse _____
3. prepararse / sopa de pollo _____
4. beber / té con miel _____

Ignacio tiene la garganta inflamada.

5. descansar _____
6. no hablar / mucho _____
7. tomar / las pastillas _____
8. consumir / líquidos en abundancia _____

2 **El asistente del doctor Arriola** Completa los consejos que el doctor Arriola le da a su asistente usando mandatos formales.

1. A los fumadores puedes decirles: "_____No fumen_____".

    (no fumar)

2. A los pacientes con dolor de cabeza puedes decirles: "_____".

    (tomar / aspirinas)

3. A los pacientes con problemas de peso puedes decirles: "_____".

    (ir / al gimnasio)

4. A los deprimidos puedes decirles: "_____".

    (hacer / actividades para levantar el ánimo)

5. A los que tienen demasiado estrés puedes decirles: "_____".

    (descansar)

6. A los niños impacientes puedes decirles: "_____".

    (jugar / con estos juguetes)

3   **Remedios caseros** Hay personas que creen que las enfermedades pueden curarse sin ir al médico. Lee estos textos sobre creencias populares y escribe una lista de consejos usando mandatos informales con los verbos subrayados.

A. "Los resfriados pueden curarse **respirando** el vapor de agua con sal. Los resfriados también pueden curarse **tomando** té con limón y miel. Cuando estamos resfriados, debemos **abrigarnos** bien."

   1.   Respira el vapor de agua con sal. _____

   2. _____

   3. _____

B. "Cuando hay una herida, primero se **lava** con agua y jabón. Debe **ponerse** una venda tapando bien la herida. **No** hay que **tocarse** la herida porque se puede infectar."

   4. _____

   5. _____

   6. _____

C. "La falta de sueño se debe a una preocupación. Por eso hay que **olvidarse** de las angustias. Una taza de leche caliente es un buen remedio. **Eliminar** el café por completo es una buena idea."

   7. _____

   8. _____

4   **Consejos sanos** Tus compañeros/as de apartamento y tú quieren mejorar su salud y mantenerse sanos/as. Escribe diez consejos o recomendaciones usando mandatos con **nosotros**. Puedes escribir consejos sobre temas como la comida, el cuidado de los dientes, la actividad física, las heridas, etc.

   1.   Salgamos a caminar después de cenar. _____

   2. _____

   3. _____

   4. _____

   5. _____

   6. _____

   7. _____

   8. _____

   9. _____

   10. _____

Workbook

4.3 *Por* and *para*

1   ***Por* y *para***   Elige el significado correcto de cada oración.

1. Camino por el hospital. _____
   a. Camino por los pasillos del hospital.   b. Camino en dirección al hospital.

2. Compré las medicinas por mi madre. _____
   a. Mi madre va a tomar las medicinas.   b. Compré las medicinas porque mi madre no pudo comprarlas.

3. Para mí, lo que tienes es un resfriado. _____
   a. En mi opinión, tienes un resfriado.   b. Al igual que yo, tienes un resfriado.

4. El doctor fue por unas pastillas para el paciente. _____
   a. El doctor fue a buscar unas pastillas para el paciente.   b. El doctor le recetó unas pastillas al paciente.

2   **En el consultorio**   Completa la conversación con **por** o **para**.

PACIENTE Doctor, tengo un malestar general: tengo mucha tos, tengo fiebre y (1) _____ colmo me siento agotado.

DOCTOR (2) _____ lo visto, tiene usted gripe. (3) ¿_____ cuánto tiempo ha tenido (*have had*) estos síntomas?

PACIENTE (4) _____ lo menos (5) _____ una semana.

DOCTOR Aquí tiene una receta. Éstas son unas pastillas (6) _____ la fiebre. Este jarabe es (7) _____ la tos. Tómelo (8) _____ la mañana y (9) _____ la noche.

PACIENTE Gracias, doctor. Voy inmediatamente a la farmacia (10) _____ mis medicinas.

3   **Síntomas y tratamientos**   Escribe oraciones lógicas usando elementos de las tres columnas.

el calmante		adelgazar
el jarabe	por	dolor
estar a dieta	para	la salud
estar mareado		la tensión baja
tratamiento		la tos

1. _____
2. _____
3. _____
4. _____

4 **Julieta recibe una carta de sus padres** Completa la carta con las expresiones que necesites de la lista.

por	por aquí	por mucho
para colmo	por casualidad	por primera vez
para que sepas	por eso	por si acaso
por allá	por más que	por supuesto

Querida Julieta:

(1) _____ está todo bien y esperamos que (2) _____ también

lo esté. (3) _____ lo pensemos y lo conversemos, tu padre y yo seguimos

descontentos con tu viaje. (4) _____ en nuestras vidas estamos muy preocupados

porque creemos que eres muy joven para estar sola tan lejos, y especialmente con tus problemas de

salud. (5) _____, ahora aparece ese muchachito en Madrid. ¿Acaso ese joven no

vive en Barcelona? ¿Qué hace ahora en Madrid? (6) _____ que confiamos en ti.

Pero, (7) _____, queremos que estés atenta. (8)_____, tu prima

Merceditas salía con un chico muy bueno y muy simpático, pero que resultó ser un ladrón muy

buscado por la policía. Ella cayó en una depresión. (9) _____, Julietita querida, te

pedimos que tengas mucho cuidado. ¡No seas tan confiada! Un beso de papá y mamá que te quieren

mucho y se preocupan (10) _____ tu bienestar.

5 **Completar** Completa las frases para formar oraciones lógicas.

1. Hice una llamada al consultorio por _____.

2. Hice una llamada al consultorio para _____.

3. Compré estas pastillas por _____.

4. Compré estas pastillas para _____.

5. Toma (tú) este jarabe por _____.

6. Toma (tú) este jarabe para _____.

7. El enfermero fue por _____.

8. El enfermero fue para _____.

MANUAL DE GRAMÁTICA

4.4 The subjunctive with impersonal expressions

1 **Vida sana** Elige el verbo adecuado para cada una de las recomendaciones.

1. Es mejor que _____ (prevengas/previenes) la gripe con una vacuna.

2. Es importante que _____ (tengas/tienes) una buena alimentación.

3. Es verdad que los doctores siempre _____ (tengan/tienen) razón.

4. Es evidente que este programa _____ (ayude/ayuda) a muchas personas.

5. Es necesario que _____ (descanses/descansas) para ponerte bien.

6. No es cierto que las medicinas lo _____ (curen/curan) todo.

2 **Una situación peligrosa** Se acerca una gran tormenta y un grupo de amigos está discutiendo qué hacer y cómo prepararse frente a esta situación. Usa el presente de indicativo o el presente de subjuntivo.

1. Es urgente que _____.

2. Es malo que _____.

3. Es mejor que _____.

4. No es verdad que _____.

5. Es necesario que _____.

6. Es seguro que _____.

3 **El spa ideal** Describe cómo es el spa ideal, según tu opinión. Usa las expresiones impersonales de la lista.

Es bueno	Es necesario
Es importante	Es seguro
Es mejor	No es verdad

_____

_____

_____

_____

_____

ATANDO CABOS

Lectura

1   **Antes de leer** ¿Te gusta el chocolate? ¿Qué tipo de chocolate prefieres? ¿Conoces su origen?

_____

_____

La historia del chocolate

¿Sabías que el cacao y el chocolate eran desconocidos en Europa hasta la llegada de los españoles a América?

Hoy, el chocolate es una de las delicias más apreciadas por adultos y niños de todo el mundo. El árbol del cacao, originario de las zonas tropicales de Hispanoamérica, se cultiva en México, Venezuela, Ecuador y Colombia.

Existen varias leyendas indígenas sobre el origen divino de este popular alimento. La más famosa cuenta que Quetzalcóatl, dios azteca del viento, le regaló semillas° del árbol del cacao a los hombres y, de esa forma, este arbusto° creció sobre la tierra. Debido a su origen divino, existía entre los aztecas la creencia de que su consumo daba poder y sabiduría°.

La historia del chocolate es muy curiosa. Durante su cuarto viaje, Cristóbal Colón se encontró en la costa de Yucatán con una embarcación° indígena que transportaba unas semillas que eran utilizadas como monedas. Estas semillas también eran el ingrediente principal de una misteriosa bebida sagrada, el "tchocolath". Años después, el conquistador Hernán Cortés fue el primero en probar la "bebida de los dioses" en la corte° azteca del emperador Moctezuma. La preparaban mezclando el cacao con maíz, vainilla, miel y canela°.

De vuelta a España, Cortés elogió las cualidades de la nueva bebida. Sin embargo, ésta no fue bien recibida por su sabor amargo°. Los primeros granos de cacao llegaron al Monasterio de Zaragoza en 1522, junto con la receta para preparar el chocolate. Sólo cuando se le añadió azúcar de caña empezó su rápida propagación dentro del continente europeo.

semillas _seeds_ **arbusto** _bush_ **sabiduría** _wisdom_ **embarcación** _vessel_ **corte** _court_ **canela** _cinnamon_ **amargo** _bitter_

2   **Después de leer** Responde estas preguntas con oraciones completas.

1. ¿Dónde se cultiva el árbol del cacao en Hispanoamérica?

_____

2. ¿Qué cuenta la leyenda indígena de Quetzalcóatl?

_____

3. ¿Para qué se utilizaron las semillas de cacao originalmente?

_____

4. ¿Qué ingredientes tenía la "bebida de los dioses"?

_____

5. En 1522, llegaron los primeros granos de cacao a España. ¿Adónde llegaron concretamente?

_____

6. ¿Por qué no fue bien recibida la bebida de cacao al principio?

_____

Composición

3

Preparación Imagina que un(a) amigo/a tuyo quiere ponerse en forma y ha decidido no comer más dulces. Ayuda a tu amigo/a a crear una dieta para mejorar su alimentación y dale consejos para tener una vida más sana.

Escribe una lista de los alimentos que debe y que no debe comer, y de las actividades que van a ayudarle a mejorar su salud.

Cosas que debe comer	Cosas que no debe comer	Cosas que debe hacer

4

¡Escríbelo! Escribe una dieta detallada para un día completo.

- Describe las comidas de un día, incluyendo desayuno, almuerzo y cena.
- Escribe también las actividades que tu amigo/a puede hacer para estar en forma e inclúyelas en su horario.
- Escribe otros consejos generales que debe seguir para llevar una vida más sana.

_____
_____
_____
_____
_____
_____
_____
_____
_____
_____
_____

Workbook

CONTEXTOS

Lección 5
Los viajes

1 **La intrusa** Indica la palabra o expresión que no pertenece al grupo.

1. el accidente   el congestionamiento   el tránsito   la despedida

2. el auxiliar de vuelo   el guía turístico   el piloto   el agente de aduanas

3. el itinerario   el crucero   el buceo   la isla

4. la llegada   la salida   el destino   el viajero

5. la excursión   la aventura   la temporada alta   el ecoturismo

6. el alojamiento   el seguro   el albergue   la habitación

7. las olas   navegar   la recepción   el puerto

8. la brújula   el campamento   la excursión   el aviso

9. quedarse   alojarse   perder el vuelo   estar lleno

10. el pasaporte   las olas   el seguro   el pasaje

2 **El aeropuerto internacional** Lee las descripciones de situaciones que ocurren en un aeropuerto internacional e indica con el número apropiado qué comentario corresponde a cada una.

1. Un hombre con una maleta está tratando de comprar un pasaje, pero el empleado de la aerolínea le está explicando que ya no quedan más asientos disponibles.

2. Una pareja con maletas está en la puerta de embarque. El hombre le habla a la empleada.

3. Un joven llega al aeropuerto con una hora de retraso y el empleado le da la mala noticia.

4. El empleado de una aerolínea habla con un viajero que tiene el pasaporte vencido.

5. Dos azafatas esperan a los pasajeros en la zona de embarque.

6. Una empleada de la oficina de informes está hablando por un micrófono para avisar que el avión saldrá dos horas más tarde.

_____ a. "Tengo dos pasajes reservados para San José."

_____ b. "Para volar necesita tener el pasaporte vigente."

_____ c. "Lo siento señor, el vuelo está lleno."

_____ d. "El vuelo con destino a la ciudad de Panamá está retrasado."

_____ e. "¡Atención, señores! Los pasajeros del vuelo 508 con destino a La Paz ya pueden embarcar."

_____ f. "Me temo que ha perdido su vuelo."

3 **Mi viaje** Completa la conversación con palabras de la lista.

albergue	guía turístico	incluido	ruinas
excursión	habitación individual	isla	viajeros

MADRE ¿Dónde te quedaste la primera noche?

ISABEL En un (1) _____.

MADRE ¿No estaba lleno?

ISABEL No, yo había reservado una (2) _____ con desayuno (3) _____.

MADRE ¿Conociste a mucha gente?

ISABEL Sí, conocí a otros (4) _____ de muchos países.

MADRE ¿Conociste muchos lugares?

ISABEL Nos reunimos con un (5) _____ e hicimos una (6) _____ a una (7) _____ y también a unas (8) _____.

MADRE ¡Qué bueno! ¿No tuviste ningún problema?

ISABEL Ahora que lo pienso, ¡me falta una maleta!

4 **¡Qué aventura!** Amanda está en Costa Rica. Imagina el lugar y escribe un mensaje de correo electrónico que esta adolescente le escribió a su mejor amiga contándole las aventuras de su viaje. Usa al menos diez palabras de la lista.

albergue	cancelar	incluido	recorrer
bienvenida	frontera	peligroso	selva
brújula	guía turístico	quedarse	temporada alta

De: amandadeviaje@micorreo.com

Para: luisa@micorreo.com

Asunto: ¡Costa Rica!

Querida Luisa:

¿Cómo estás? Ay, yo estoy súper contenta aquí en...

_____
_____
_____
_____
_____
_____

ESTRUCTURA

5.1 Comparatives and superlatives

1   **Comparaciones** Elige la opción que tenga el mismo significado que la oración original.

_____ 1. Tu pasaje costó 400 dólares y el mío sólo 250 dólares.

      a. Tu pasaje es tan caro como el mío.

      b. Tu pasaje es más caro que el mío.

_____ 2. ¡Tu vuelo llegó con cinco horas de retraso! El mío llegó a tiempo.

      a. Mi vuelo llegó retrasadísimo.

      b. Tu vuelo no fue tan puntual como el mío.

_____ 3. Me gusta esta aerolínea, pero la comida de Aerolíneas Argentinas es mucho más rica.

      a. El servicio de comida de Aerolíneas Argentinas es mejor que el servicio de comida de esta compañía aérea.

      b. El servicio de comida de esta aerolínea es tan bueno como el de Aerolíneas Argentinas.

_____ 4. En temporada alta los pasajeros pagan más por sus viajes.

      a. Viajar en temporada alta es tan caro como viajar en temporada baja.

      b. Viajar en temporada alta es más caro que viajar en temporada baja.

_____ 5. Esta auxiliar de vuelo (*flight attendant*) habla inglés y español. Aquélla sabe inglés, español e italiano.

      a. Esta auxiliar de vuelo habla tantos idiomas como aquella otra.

      b. Esta auxiliar de vuelo habla menos idiomas que aquella otra.

2   **Un viaje juntos** Elige la opción correcta para completar cada oración.

1. Éste es el mejor hotel (de / que) _____ todos los que he visto.

2. El alquiler del carro cuesta menos (de / que) _____ trescientos cincuenta dólares.

3. La excursión a las ruinas cuesta menos (de / que) _____ la excursión a la selva.

4. Este crucero es más barato (de / que) _____ el otro.

5. El vuelo dura más (de / que) _____ tres horas.

6. Es mejor viajar con menos (de / que) _____ tres maletas.

7. Podemos quedarnos más (de / que) _____ cinco días en la isla.

8. Este viaje es mucho mejor (de / que) _____ el que hicimos el año pasado.

3 **Un mensaje de Manuela** Lee el correo electrónico que Manuela les escribe a sus padres y complétalo con **más/menos** o **tan/tanto/a(s)**.

De:	manuela@micorreo.com
Para:	lamadre@micorreo.com
Asunto:	Llegué a Cartago.

Queridos padres:

Ya estoy en Cartago. Estoy alojada en el Hostal Internacional. Este albergue es (1) _____ elegante como el de San José, pero desgraciadamente yo estoy (2) _____ contenta aquí que allá. Aquí hay (3) _____ habitaciones como en el Hostal Central de San José, pero hay (4) _____ comodidades que allá. La habitación es (5) _____ grande como la de San José. Pero la cama es (6) _____ cómoda y el servicio de habitación es (7) _____ frecuente que en el Hostal Central. En San José, donde todo funciona bien, el ascensor es (8) _____ rápido y el salón es (9) _____ cómodo que aquí. El desayuno es (10) _____ rico como en San José, pero los meseros y los recepcionistas te ayudan y son (11) _____ amables allá. Mañana nos vamos. Ya les contaré cómo es el nuevo albergue.

Un beso grande,

Manuela

4 **Más, menos, tan...** Lee los grupos de oraciones. Después, escribe una oración comparativa o una oración superlativa para cada uno. Sigue el modelo.

> **modelo**
> El autobús cuesta dos pesos. El taxi cuesta diez pesos.
> *El autobús es más barato que el taxi. / El taxi es más caro que el autobús.*

1. El hotel de Lima es bueno. El hotel de Quito es muy bueno.

   _____

2. Sara lo pasó muy bien en Valparaíso. Susana lo pasó muy bien en Valparaíso.

   _____

3. La habitación 604 es grande. La habitación 608 es muy grande.

   _____

4. César sabe inglés, francés y alemán. Luis sabe francés, griego e italiano.

   _____

5. Francisco tiene dos maletas. Emilia tiene cuatro maletas.

   _____

6. Mi vuelo sale a las 2 del mediodía. Tu vuelo sale a las 5 del mediodía.

   _____

7. El auto es lento. El tren es rápido. El avión es muy rápido.

   _____

8. Un pasaje a Caracas cuesta mil pesos. Un pasaje a París cuesta dos mil quinientos pesos. ¡Un pasaje a El Cairo cuesta ocho mil pesos!

   _____

5.2 Negative, affirmative, and indefinite clauses

1 **Los viajeros** Escribe la letra de la opción que tenga el mismo significado que la oración dada.

_____ 1. Ni me gustan los aviones ni los cruceros.
   a. No me gusta volar y tampoco me gustan los cruceros.
   b. No me gusta viajar en avión, pero me gustan los cruceros.

_____ 2. Raquel ha estado en Panamá y Daniel también.
   a. Ninguno de los dos ha visitado Panamá.
   b. Raquel y Daniel han visitado Panamá.

_____ 3. Generalmente, en mis viajes, o alquilo un carro o una motocicleta.
   a. Ni alquilo un carro ni una motocicleta en mis viajes.
   b. Generalmente, alquilo algún medio de transporte en mis viajes.

_____ 4. Cuando visito un lugar nuevo siempre hago amigos.
   a. Nunca conozco a nadie cuando viajo.
   b. Conozco a mucha gente en mis viajes.

2 **Aventuras y desventuras** Completa estas oraciones con la opción correcta.

1. Los turistas no están buscando _____ (alguna/ninguna) aventura.

2. Los turistas no conocen bien la isla y el guía _____ (tampoco/también).

3. El guía turístico _____ (ni/no) encontró el campamento _____ (ni/no) las ruinas.

4. _____ (Algunos/Ningún) turistas quieren regresar a la ciudad.

3 **Viajes** Completa esta conversación entre Juliana y Andrés con las palabras de la lista. Hay dos palabras que se repiten.

algo	jamás	ni siquiera
algún	nada	nunca
alguna	nadie	siempre
algunas	ni	tampoco

JULIANA Andrés, ¿has viajado (1) _____ vez a Centroamérica?

ANDRÉS No, (2) _____ , pero me gustaría ir (3) _____ día.
(4) _____ que hay (5) _____ conferencia, yo estoy ocupado con el trabajo o tengo (6) _____ qué hacer.

JULIANA ¿De veras? ¿No has estado (7) _____ en Panamá (8) _____ en Costa Rica? Entonces, ¿(9) _____ fuiste a la conferencia de Managua el año pasado?

ANDRÉS No, ya te dije que (10) _____ he viajado a Centroamérica. ¿Es que no me escuchas?

JULIANA ¡Pobre Andrés! ¡No te imaginas lo que te pierdes! (11) _____ sabemos el destino de este año, ¡y ya hay (12) _____ personas interesadas en ir en la oficina! ¿Puedes creerlo?

ANDRÉS ¿En serio? No he oído (13) _____ . Pues, si yo no voy este año, no va (14) _____ .

4 **El quejica** Imagina que viajas en avión. Escribe las quejas y los comentarios de tu compañero de asiento, haciendo todos los cambios necesarios. Utiliza las expresiones **o... o...**, **ni... ni...** y **ni siquiera**. Sigue el modelo.

> **modelo**
> Denme un asiento de ventanilla. Si no me lo dan, me voy a quejar al piloto.
> *O me dan un asiento de ventanilla o me voy a quejar al piloto.*

1. No me trajeron café. No me trajeron té. No me trajeron agua.

   _____

2. No pude traer todas las maletas. No pude vestirme bien.

   _____

3. Quiero una almohada más firme. De lo contrario, quiero dos almohadas.

   _____

4. Hoy me siento enfermo. No puedo dormir. No puedo hablar. No puedo moverme.

   _____

5. No quiero escuchar música. No quiero ver tantas luces.

   _____

6. Me ofrecen agua. Me ofrecen café. Yo quiero jugos naturales.

   _____

5 **Preguntas** Contesta estas preguntas personales con las expresiones de la lista.

alguien/algún	ni... ni...	nunca	siempre
nadie	ni siquiera	o... o...	también

1. ¿Qué te interesa más: un destino exótico o un viaje cultural?

   _____

2. ¿Compras *souvenirs* cuando visitas lugares turísticos?

   _____

3. ¿Visitarás España y Guatemala el próximo semestre?

   _____

4. ¿Te gustan las grandes ciudades o prefieres la vida en el campo?

   _____

5. ¿Qué ciudad te parece más tranquila: Nueva York o Los Ángeles?

   _____

6. ¿Hablas francés, alemán y ruso?

   _____

7. ¿Prefieres viajar en avión, en tren o en auto?

   _____

8. ¿Te interesa conocer a personas de otras culturas o prefieres relacionarte sólo con personas de tu propia cultura?

   _____

5.3 The subjunctive in adjective clauses

1 **En la agencia de viajes** Completa las oraciones con la opción adecuada.

1. Buscamos un viaje que _____ (tiene / tenga) aventuras.

2. Sabemos de unos destinos que _____ (son / sean) exóticos.

3. Preferimos un hotel que no _____ (es / sea) muy caro.

4. Nos recomendaron unos lugares que _____ (ofrecen / ofrezcan) ecoturismo.

5. ¿Nos conviene un paquete de vacaciones que _____ (incluye / incluya) seguro?

6. Mi amigo quiere visitar un lugar que _____ (es / sea) tranquilo y relajante.

7. Yo prefiero un lugar que _____ (tiene / tenga) muchas actividades que hacer.

8. Conozco un programa que _____ (ofrece / ofrezca) un poco de todo.

2 **Se busca** Completa este anuncio que apareció en un periódico de San Salvador. Usa la forma adecuada del subjuntivo o del indicativo de los verbos entre paréntesis, según corresponda.

> Se busca un guía turístico que (1) _____ (hablar) inglés, que (2) _____ (conocer) bien el país y que (3) _____ (tener) experiencia en el campo del ecoturismo.
> Si tú (4) _____ (ser) una persona que (5) _____ (poseer) estas características y te (6) _____ (gustar) la aventura, ponte en contacto con nosotros.
> Ecotour
> Avenida Colón, 56
> San Salvador
> www.ecotour.com.sv

3 **Posible candidata** José leyó el anuncio de la agencia de viajes de la actividad anterior y pensó en su prima Natalia, que vive en San Salvador. Completa los comentarios que José hace sobre su prima con los verbos de la lista.

conocer	requerir
interesar	ser
querer	tener

Sé que mi prima está buscando un trabajo que no (1) _____ mucha experiencia, pero que (2) _____ interesante y seguro. Creo que Natalia no (3) _____ muy bien el mundo del ecoturismo, pero no hay nadie en nuestra familia que no (4) _____ ganas de aprender. ¡Espero que le (5) _____!

4 **De viaje** Forma oraciones combinando estos elementos. Usa el indicativo o el subjuntivo, según corresponda, y haz los cambios necesarios.

1. Yo / buscar / viaje / ser / económico

   _____

2. Los turistas / necesitar / hoteles / no estar llenos

   _____

3. La guía / conocer / lugares en la selva / no ser peligrosos

   _____

4. Nosotros / querer / vuelo / tener / seguro

   _____

5. El hotel / no tener / ninguna habitación / ser doble

   _____

6. El aventurero / conocer / lugares / ser peligrosos

   _____

5 **Tu viaje ideal** Completa estas oraciones describiendo cómo sería tu viaje ideal. Usa el subjuntivo.

1. Busco una agencia de viajes que _____.

2. Necesito un boleto de avión que _____.

3. Los turistas que _____ necesitan ponerse una vacuna.

4. Es importante que alguien _____.

5. No quiero que nadie _____.

6. Los viajeros que _____ deben reservar por teléfono.

6 **Hotel completo** Acabas de llegar a Managua, la capital de Nicaragua, y descubres que el hotel que habías reservado está lleno. El recepcionista ofrece buscarte otro hotel. Escribe una conversación en la que le explicas qué tipo de alojamiento buscas. Usa al menos seis palabras de la lista.

buscar	hotel	preferir
conocer	necesitar	recepción
habitación individual	peligroso	servicio de habitación

_____

_____

_____

_____

_____

_____

_____

Workbook

MANUAL DE GRAMÁTICA

5.4 *Pero* and *sino*

1 **Pero o sino** Completa cada oración con la opción correcta.

> sino
> pero
> no sólo… sino que
> sino que
> pero tampoco

1. Yo no quiero viajar mañana, _____ el viernes.
2. Este vuelo no va a Managua, _____ a San Salvador.
3. La excursión es fascinante, _____ peligrosa.
4. Creo que _____ no estamos avanzando, _____ estamos perdidos.
5. No quiero ir al crucero, _____ prefiero recorrer la selva.
6. El campamento no es el sitio más seguro, _____ es peligroso.

2 **Completar** Completa estas oraciones con frases usando **pero** o **sino**.

1. Mis amigos no son salvadoreños, _____.
2. Tengo la impresión de que este hotel es malo, _____.
3. Mis padres querían que yo fuera a Nicaragua, _____.
4. El avión no llegó retrasado, _____.
5. No me lo pasé muy bien, _____.
6. La isla es pequeña, _____.

3 **Tu último viaje** Escribe una breve composición narrando tu último viaje. Incluye información sobre con quién viajaste, dónde fuiste, por cuántos días, qué hiciste y, finalmente, incluye una anécdota de algo que fue divertido, horrible o inesperado. Usa al menos cuatro expresiones de la lista.

> no sólo… sino que   pero   sino
> no sólo… sino también   pero tampoco   sino que

_____
_____
_____
_____
_____
_____
_____
_____
_____

ATANDO CABOS

Lectura

1 **Antes de leer** ¿Qué te gusta hacer en las vacaciones? ¿Te gustan las vacaciones en las que puedes estar en contacto con la naturaleza? _____

_____

Ecoturismo en el Amazonas

El río Amazonas, que nace en Perú, pasa por Colombia y Brasil, y desemboca° en el Atlántico, tiene 6.275 kilómetros de longitud. Este río encuentra a su paso casi seiscientas islas. En este territorio selvático, llamado Amazonia, viven muchas comunidades indígenas.

La selva virgen amazónica es un importante destino para los ecoturistas. El turismo ecológico permite conocer, aprender a respetar y, en consecuencia, proteger los recursos naturales de nuestro planeta. El contacto con las comunidades indígenas contribuye a su desarrollo° económico, sin violar su entorno° ni destruir su cultura tradicional.

Hay muchas empresas que organizan viajes de ecoturismo. Puedes hacer una excursión sencilla a uno de los extraordinarios parques nacionales, o pasear por la selva para observar las plantas medicinales y la fauna. Además, puedes pescar, participar en la preparación de alimentos, como el queso, descansar en los tranquilos cruceros, visitar alguna isla y bañarte en los ríos.

Pero si eres más aventurero y atrevido, puedes acampar en la selva virgen, aprender nociones de supervivencia° y practicar deportes extremos, como la escalada, el paracaidismo° y el *rafting*.

desemboca *flows into* **el desarrollo** *development* **el entorno** *environment*
la supervivencia *survival* **el paracaidismo** *parachuting*

2 **Después de leer** Contesta estas preguntas con oraciones completas.

1. ¿Dónde nace y dónde desemboca el río Amazonas?

_____

2. ¿Qué es la Amazonia?

_____

3. ¿Qué le permite el ecoturismo al turista?

_____

4. ¿Qué efecto tienen los programas de ecoturismo en los pueblos indígenas del Amazonas?

_____

5. ¿Pueden disfrutar del ecoturismo las personas que buscan unas vacaciones tranquilas? ¿Por qué?

_____

6. ¿Qué ofrece el turismo ecológico a los turistas más aventureros?

_____

Composición

3   **Preparación** Imagina que trabajas para una empresa que ofrece programas de turismo ecológico en Centroamérica y debes preparar un paquete (*package*) de una semana para la nueva temporada de primavera.

Escribe una lista de los lugares que vas a incluir en tu itinerario. Luego, enumera distintas actividades ecológicas y recreativas que se pueden realizar en cada lugar. Piensa también en actividades alternativas para los que prefieren la tranquilidad, y en otros datos interesantes.

Lugares para visitar	Actividades para los aventureros	Alternativas para los que prefieren la tranquilidad	Datos interesantes

4   **¡Escríbelo!** Escribe el texto para un folleto (*brochure*) informativo sobre el paquete. Incluye esta información:

- una frase o eslogan para atraer al lector
- una descripción del lugar o lugares que se van a visitar y las actividades que se ofrecen cada día
- actividades alternativas para los que prefieren la tranquilidad
- los medios de transporte y el alojamiento
- un dato interesante para atraer la atención de los clientes; puede ser información turística, histórica, una anécdota de algún viajero, etc.
- información de contacto: nombre de la agencia de viajes, tu nombre, número de teléfono y un sitio de Internet

_____
_____
_____
_____
_____
_____
_____
_____
_____
_____
_____
_____

Workbook

CONTEXTOS

Lección 6
La naturaleza

1 **Artículo** Lee este artículo sobre la conservación de los recursos naturales y complétalo con las palabras de la lista. Hay una palabra que se repite.

bosque lluvioso	conservación	contribuir	desarrollo	reciclar
combustibles	contaminar	deforestación	paisajes	recursos naturales

Conservemos nuestros recursos

La comarca de Cibao, en la República Dominicana, quiere promover (*promote*) el
(1) _____ del turismo rural a través de una serie de programas de conservación
de los (2) _____ de la zona. Especialistas ambientales van a ofrecer talleres (*workshops*)
para aprender a (3) _____ la basura y así conservar sus bellos (4) _____ y
no (5) _____ el campo con desechos industriales (*industrial waste*). Al enseñar a proteger
los árboles y las plantas, este programa también va a (6) _____ a resolver los problemas
de (7) _____ del (8) _____. También se enseñará a no (9) _____ y
a usar (10) _____ que causan menos daño que la gasolina, como por ejemplo el gasoil y
el biodiesel. Este programa de (11) _____ de recursos va a mejorar la zona y a atraer más
turistas a las áreas rurales.

2 **Cierto o falso** Indica si estas afirmaciones sobre el artículo anterior son **ciertas** o **falsas**.

Cierto	Falso		
❏	❏	1.	El programa de conservación sólo quiere atraer a turistas.
❏	❏	2.	Este programa quiere conservar los paisajes.
❏	❏	3.	El programa va a ayudar a proteger los bosques lluviosos.
❏	❏	4.	Hay un programa para educar sobre productos dañinos.
❏	❏	5.	Este programa ayuda a proteger a animales en peligro de extinción.
❏	❏	6.	Se ofrece un programa especial sobre energías renovables.

3 **Palabras** Escribe la palabra de la lista que corresponde a cada una de estas descripciones o definiciones.

ave	cordillera	león	serpiente
cerdo	erosión	oveja	terremoto
conejo	incendio	rata	trueno

1. _____ → el rey de la selva

2. _____ → fenómeno natural por el que la tierra se mueve

3. _____ → un ejemplo es la cobra

4. _____ → un sinónimo de pájaro

5. _____ → el ruido en una tormenta

6. _____ → un grupo de montañas

4 **Definiciones** Escribe una descripción o definición de cada palabra.

1. costa → _____

2. bosque → _____

3. desierto → _____

4. mar → _____

5. relámpago → _____

6. paisaje → _____

5 **Campo o ciudad** ¿Prefieres vivir en el campo o en la ciudad? Escribe las ventajas y las desventajas de vivir en el lugar que tú elijas.

| al aire libre | entretenimientos | medio ambiente | promover |
| contaminación | explotar | paisaje | respirar |

Prefiero vivir en: _____

Ventajas	Desventajas

6 **Turismo rural** Imagina que decides ir a la zona de Cibao para hacer turismo rural. Escribe una postal a tu familia describiendo tus vacaciones, los lugares que has visitado y las actividades que has practicado. Usa al menos seis palabras de la lista.

a orillas de	conservar	medio ambiente
al aire libre	desaparecer	paisaje
bosque	extinguirse	salvaje

_____
_____
_____
_____
_____
_____

ESTRUCTURA

6.1 The future

1 **El futuro** Lee las predicciones de un futurólogo sobre el futuro de una isla caribeña y completa las oraciones con la forma adecuada del futuro de los verbos entre paréntesis.

El futuro no parece muy prometedor para nuestra isla. Un huracán (1) _____ (destruir) muchas partes de la isla y las casas de la costa (2) _____ (desaparecer). Otros desastres naturales (3) _____ (afectar) a la isla. Primero, (4) _____ (haber) una inundación que (5) _____ (arrasar - *to devastate*) la capital. Después, muchas personas (6) _____ (malgastar) el agua porque mucha gente piensa que el agua nunca se (7) _____ (terminar), y esto (8) _____ (provocar) la mayor sequía de la historia de la isla. (9) _____ (nosotros/perder) todos nuestros bosques tropicales porque no (10) _____ (llover). Éste (11) _____ (ser) el futuro aterrador (*terrifying*) de la isla.

2 **Predicciones** Completa esta entrevista con las respuestas que el futurólogo le da a una periodista. Usa oraciones completas y la forma adecuada del futuro de los verbos entre paréntesis.

PERIODISTA Muchas gracias por aceptar esta entrevista. Quiero hacerle unas preguntas. La primera: ¿Qué pasará con los animales de la isla?

FUTURÓLOGO _____ (extinguirse)

PERIODISTA ¿Cómo será el aire?

FUTURÓLOGO _____ (estar)

PERIODISTA ¿Qué harán las autoridades del gobierno?

FUTURÓLOGO _____ (no resolver)

PERIODISTA ¿Y qué pasará con los recursos naturales?

FUTURÓLOGO _____ (agotarse)

3 **Tus predicciones** Piensa en las condiciones medioambientales del lugar donde tú vives y escribe tus propias predicciones sobre estos temas. Usa la forma adecuada del futuro.

árboles	calentamiento global	erosión
basura	capa de ozono	paisaje

1. _____
2. _____
3. _____
4. _____
5. _____
6. _____

Workbook

4 **Planes sobre el futuro** Indica qué tiempo se usa en cada una de estas oraciones y después cambia las oraciones que se refieren al futuro, siguiendo el modelo.

> **modelo**
> Dentro de dos años vamos a tener cuatro hijos.
> Dentro de dos años **tendremos** cuatro hijos.

Pasado	Presente	Futuro	
❑	❑	❑	1. Ahora vivo con mis padres en Santo Domingo.
❑	❑	❑	2. De niño, acampaba en los bosques de la región amazónica de Perú.
❑	❑	❑	3. Van a venir mis padres para conocerte.
❑	❑	❑	4. En nuestra boda, va a tocar una banda toda la noche.
❑	❑	❑	5. Encontré un apartamento precioso en la costa de Chile para vivir juntos cuando nos casemos.
❑	❑	❑	6. Nunca voy a dejar de quererte.
❑	❑	❑	7. Juntos vamos a ser muy felices.
❑	❑	❑	8. Yo vivía con mi mejor amigo.
❑	❑	❑	9. En seis meses, vamos a tener un carro nuevo.
❑	❑	❑	10. La luna de miel va a ser inolvidable.

_____
_____
_____
_____
_____
_____

5 **El futuro** Completa las oraciones con tu opinión sobre lo que pasará si no cuidamos el planeta.

1. Si no reducimos el consumo de energía, _____.

2. Si no conservamos el agua, _____.

3. Si no protegemos a los animales, _____.

4. Si deforestamos los bosques, _____.

5. Si agotamos los recursos naturales, _____.

6. Si cazamos indiscriminadamente, _____.

7. Si desaparecen los arrecifes, _____.

8. Si no reciclamos, _____.

6.2 The subjunctive in adverbial clauses

1 **¿Cuál es?** Elige la conjunción adecuada para completar cada oración relacionada con la ecología.

1. _____ (Aunque/Para que) contaminemos menos, el calentamiento global continúa siendo un tema preocupante.

2. _____ (Tan pronto como/En caso de que) llueva, se reducirá el problema de la sequía.

3. Debemos cuidar los bosques _____ (en cuanto/para que) no se extingan los animales.

4. No se podrá cazar animales _____ (en caso de que/sin que) sean especies protegidas.

5. Empezaremos los programas de reciclaje _____ (en cuanto/aunque) terminen las inundaciones.

6. _____ (Con tal de que/Antes de que) nos demos cuenta, la capa de ozono desaparecerá.

2 **Preocupaciones ecológicas** Completa estas oraciones con el subjuntivo o el indicativo de los verbos entre paréntesis, según el contexto.

1. Tenemos que conservar agua aunque _____ (haber) suficiente agua ahora.

2. Cuando _____ (desaparecer) los bosques, se pierden muchas especies.

3. La gente se preocupará por el calentamiento de la tierra cuando _____ (ser) demasiado tarde.

4. Los carros seguirán contaminando hasta que _____ (encontrarse) mejores combustibles alternativos.

5. Las especies en peligro de extinción comienzan a recuperarse tan pronto como nosotros _____ (hacer) algo para protegerlas.

6. Los recursos naturales se agotarán a menos que todas las personas del planeta los _____ (conservar).

3 **Peligros y precauciones** Escribe oraciones lógicas con las conjunciones dadas y las palabras de la lista.

atrapar	extinguirse	paisaje
cazar	león	tierra
conejo	morder	venenoso

1. A menos que _____

_____.

2. Con tal de que _____

_____.

3. Antes de que _____

_____.

4. En caso de que _____

4   **Planes para el medio ambiente** Completa las respuestas que da la Ministra de Medio Ambiente de Puerto Rico en una conferencia de prensa. Usa las claves que se dan entre paréntesis.

1. ¿Qué hará por el medio ambiente antes de que termine su mandato (*term of office*)?

   (Antes de que) _____

2. ¿Qué proyectos planea hacer con todos los partidos políticos?

   (Luego que/reunirme con ellos) _____

3. ¿Con qué asociaciones ecológicas trabajará?

   (En cuanto/hablar con asociaciones locales) _____

4. ¿Hasta cuándo cree que serán necesarios sus programas de educación ambiental?

   (Serán necesarios hasta que el público) _____

5. ¿Qué está dispuesta a hacer (*willing to do*)?

   (Con tal de que/respetarse la naturaleza) _____

6. ¿Quién continuará su trabajo por el medio ambiente cuando termine su gobierno?

   (Después de que/yo/irme) _____

5   **Campaña electoral** La Ministra de Medio Ambiente de Puerto Rico quiere continuar en su trabajo de ministra. Escribe un discurso convincente que la ayude a obtener el apoyo del público.

A. Para preparar el discurso, haz una lista de cinco proyectos ambientalistas y explica por qué son relevantes.

_____

_____

_____

_____

_____

B. Escribe el discurso con las ideas de la lista anterior. Expande las ideas usando al menos cinco expresiones de esta lista.

a menos que	cuando	para que	sin que
a pesar de que	en cuanto	siempre que	tan pronto como

_____

_____

_____

_____

_____

_____

_____

_____

_____

6.3 Prepositions: *a, hacia,* and *con*

1 **¡Hay que ver el documental!** Empareja las columnas para formar oraciones lógicas.

_____ 1. El documental de televisión sobre los arrecifes empieza

_____ 2. No quiero llegar tarde a casa. Le prometí

_____ 3. Entonces tenemos que caminar ya

_____ 4. Este parque está

_____ 5. Calculo que llegaremos a casa

_____ 6. ¡Qué tarde! Voy a llamar

_____ 7. Afortunadamente es muy fácil comunicarse; siempre salgo de casa

a. a Diana para pedirle que grabe (*record*) el documental en video porque no llegaré a tiempo.

b. hacia las nueve y cuarto.

c. con mi teléfono celular.

d. a una milla de mi casa.

e. hacia la salida del parque.

f. a las nueve en punto.

g. a Diana que íbamos a llegar a tiempo.

2 **Completar** Completa las oraciones con la preposición **a** según corresponda. Si no es necesario usar **a**, escribe una X.

1. ¿Viste _____ las montañas? ¡Son preciosas!

2. _____ mis amigos no les gusta acampar.

3. Este manual explica _____ cómo conservar los recursos naturales.

4. No conozco _____ nadie que no recicle la basura inorgánica.

5. Para ahorrar combustible, voy _____ conducir menos.

6. Siempre le digo _____ Víctor que no use tanta agua.

7. Buscamos _____ estudiantes para la campaña ecológica.

8. ¿Quieren vivir en una ciudad llena de basura? ¿No? Pues, ¡ _____ reciclar!

3 **Oraciones** Combina los elementos para formar oraciones lógicas. En cada una debes usar las preposiciones **a, con** o **hacia** por lo menos una vez. Haz los cambios necesarios.

1. (nosotros) necesitar / ciudadanos responsables / para trabajar / nosotros

_____

2. yo / no gustar / tu actitud negativa / los animales

_____

3. mi interés / la naturaleza / empezar / los años noventa

_____

4. Ignacio / dar de comer / su pez / todos los días

_____

5. tú / querer / hablar / tu novia / sobre la idea de adoptar / un perro

_____

6. ayer / la lluvia / caer / mucha fuerza / todo el día

_____

7. yo / preguntar / Ana / qué hora / llegar / casa / anoche

_____

8. ayer / él / explicar / todos / muchos detalles / las consecuencias de la deforestación

_____

Workbook

4 **Reunión** Completa esta conversación entre el alcalde (*mayor*) de Río Piedras, Puerto Rico, y el presidente de una organización ecologista.

con	con ustedes	con él
con nosotros	conmigo	con ellos

ALCALDE Debemos buscar una solución para terminar (1) _____ el problema de la caza. (2) _____ tanta caza, los animales del bosque van a desaparecer.

ECOLOGISTA Nosotros queremos hablar con los cazadores, pero ellos no quieren reunirse (3) _____.

ALCALDE (4) _____ esa actitud de no querer reunirse, es difícil que ellos colaboren (5) _____. Intentaré llegar a un acuerdo (6) _____. Seguro que ellos sí quieren hablar (7) _____. Llamaré a mi cuñado, él es cazador y (8) _____ se puede hablar (9) _____ más confianza.

ECOLOGISTA Gracias, señor Alcalde. Cuente (10) _____ para lo que necesite.

5 **Conversación** Escribe la conversación que el alcalde de Río Piedras tuvo con su cuñado el cazador. Usa al menos seis expresiones de la lista.

a los animales	a nadie	con cuidado	con nosotros
a los cazadores	con	con ellos	hacia el bosque

_____

_____

_____

_____

_____

_____

_____

_____

_____

_____

_____

_____

_____

_____

_____

MANUAL DE GRAMÁTICA

6.4 Adverbs

Workbook

1   **Adverbios** Escribe adverbios derivados de estos adjetivos.

    1. básico _____   5. feliz _____

    2. común _____   6. honesto _____

    3. enorme _____   7. inmediato _____

    4. fácil _____   8. rápido _____

2   **Sustituir** Sustituye las expresiones subrayadas por los adverbios terminados en **-mente.**

    1. Los cazadores de Río Piedras hablaron con el alcalde <u>con tranquilidad</u>. _____

    2. El incendio se apagó <u>con rapidez</u>. _____

    3. Los ecologistas trataron el problema de la capa de ozono <u>con habilidad</u>. _____

    4. El bosque está desapareciendo <u>con lentitud</u>. _____

    5. Los ecologistas piden colaboración a las autoridades <u>con insistencia</u>. _____

    6. Se aconseja no usar materiales desechables <u>a diario</u>. _____

3   **Consejos medioambientales** Escribe los consejos que todos deberíamos seguir para contribuir a la conservación de los recursos naturales. Usa al menos seis adverbios y frases adverbiales de la lista.

a menudo	así
a tiempo	casi
a veces	de vez en cuando
apenas	por fin

_____

_____

_____

_____

_____

_____

_____

_____

_____

_____

ATANDO CABOS

Lectura

1   **Antes de leer** ¿Existen animales en peligro de extinción en tu país? ¿Se hace algo para protegerlos?

_____

_____

_____

Las islas Galápagos

La fauna de Hispanoamérica es de una riqueza extraordinaria. Lamentablemente, algunas especies animales están en peligro de extinción a causa de la caza y la pesca indiscriminadas, la creciente deforestación y, por supuesto, la contaminación. Sin embargo, todavía se pueden encontrar paraísos en los que la naturaleza se ha salvado de la mano contaminadora del hombre.

En el océano Pacífico, a unos 1.000 kilómetros del Ecuador, se encuentra uno de los ecosistemas más extraordinarios del planeta. Se trata de las islas Galápagos, un archipiélago compuesto por 125 islas e islotes. Su origen volcánico le confiere al paisaje un aspecto de lugar encantado. Pero no es esta cualidad lo que atrae a los visitantes e investigadores, sino las maravillosas especies animales de estas islas.

El nombre del archipiélago proviene de la gran cantidad de tortugas gigantes que habitan allí, llamadas galápagos, y que son únicas en todo el planeta. Las islas Galápagos son un paraíso no sólo para estas tortugas, sino para muchas otras especies animales protegidas, como las iguanas marinas, los piqueros°, las fragatas°, los leones marinos, entre otras muchas especies de reptiles, aves y mamíferos. En 1835, Charles Darwin concibió su teoría de la evolución en estas islas, inspirado en la singularidad de las especies que encontró.

Debido al escaso° contacto que han tenido con el hombre, muchos de los animales del archipiélago no les tienen miedo a los visitantes y se acercan a ellos movidos por la curiosidad. Por ello, y para proteger el medio ambiente, hace unos años se limitó el número de turistas que puede visitar las islas anualmente. A pesar de ésta y otras medidas que se han tomado, algunas de las especies que viven en este ecosistema se encuentran actualmente en peligro de extinción.

piqueros *blue footed boobie* **fragatas** *frigatebird* **escaso** *limited*

2   **Después de leer** Completa estas oraciones con la opción correcta.

1. Algunas especies están en peligro de extinción debido a la caza y la pesca indiscriminadas y a _____.

   a. la deforestación y la contaminación
   b. la deforestación y los incendios
   c. la contaminación y los terremotos

2. Las islas Galápagos están en _____.

   a. el mar Caribe
   b. el océano Atlántico
   c. el océano Pacífico

3. El nombre de las islas proviene de una especie de _____ que vive allí.

   a. lagarto gigante
   b. tortuga gigante
   c. ballena

4. En las islas Galápagos se ha limitado el número de _____ al año, para proteger su medio natural.

   a. visitantes
   b. aves
   c. especies

Composición

3 **Preparación** Imagina que perteneces a una organización ambiental que trabaja en una campaña de sensibilización (*awareness*) para la protección de espacios naturales. Tú eres el/la encargado/a de escribir un folleto informativo.

Escribe una lista de los lugares que planeas proteger. Puedes buscar información en las lecturas del libro de texto. Luego, escribe otra lista para indicar lo que quieres proteger (animales, plantas, bosques, etc.). Por último, da consejos a los visitantes para que colaboren en la protección de los lugares que seleccionaste.

Dónde proteger	Qué proteger	Consejos y recomendaciones

4 **¡Escríbelo!** Escribe un folleto informativo para tu campaña de sensibilización.

- Incluye un eslogan o una cita sobre el medio ambiente para captar la atención del lector.
- Describe el lugar que quieres proteger. Explica dónde está, qué atracciones turísticas naturales tiene, etc. Debes elegir dos o tres espacios naturales.
- Describe qué se necesita proteger en particular y por qué. Usa la información de los artículos del libro de texto y de la lectura de la página anterior.
- Escribe tres consejos prácticos para que todos los visitantes puedan colaborar en la conservación de esos espacios naturales.

Lección 6 Workbook

Workbook

CONTEXTOS

Lección 7
La tecnología y la ciencia

1 **Definiciones** Empareja las palabras con sus definiciones.

_____ 1. la patente

_____ 2. la contraseña

_____ 3. el extraterrestre

_____ 4. el ovni

_____ 5. el gen

a. palabra o serie de letras o números que da acceso a una computadora

b. partícula formada por ADN que se encuentra en el núcleo de las células y que determina la herencia

c. documento que reconoce a alguien como autor de un invento

d. objeto volador no identificado

e. habitante de un planeta que no es la Tierra

2 **Nuestra ciencia** *Nuestra ciencia* es una revista de divulgación científica. Éstas son las fotos y los títulos de los artículos que se van a publicar en el próximo número. Indica qué foto corresponde a cada título. Hay un título que no lleva foto.

 a.  b. 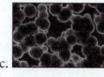 c.   d.  e.

_____ 1. Nuevas normas de higiene en los laboratorios de bioquímica

_____ 2. Inusual lluvia de estrellas fugaces provoca aumento en la venta de telescopios personales

_____ 3. Nueva generación de computadoras portátiles ultralivianas

_____ 4. Nuevas claves sobre la teoría de la relatividad

_____ 5. Innovadores estudios sobre las estrellas y los agujeros negros

_____ 6. Intrigante descubrimiento sobre el desarrollo de las células

3 **Titulares** Completa los titulares *(headlines)* de la revista *Nuestra ciencia* con las palabras de la lista. Haz todos los cambios necesarios.

clonado	estrella fugaz	reproductor de DVD
computadora portátil	investigar	telescopio

1. _____ son cada vez más pequeñas y ligeras.

2. Todo está preparado para el lanzamiento *(launching)* del mayor _____ de la Tierra. Con él se podrán ver partes del espacio nunca antes vistas.

3. El primer animal _____ que sobrevivió fue una oveja.

4. Para ver películas, vas a necesitar _____.

5. ¿Por qué la gente pide un deseo cuando ve _____?

6. Todavía queda mucho por _____ en la superficie de la Luna.

4 **Los subtítulos** Completa las oraciones con las palabras adecuadas de la lista.

avance	descubrimiento	formuló	innovadoras
científico	especializado	inalámbricas	transbordador espacial

1. Un _____ argentino ha hecho un _____ significativo que puede ayudar a encontrar una cura para el mal de Alzheimer.
2. El científico peruano Luis Ybarra, _____ en dinosaurios, _____ una teoría acerca del origen de las aves.
3. Las fotos tomadas desde el _____ mostraron que la superficie de la Luna tiene montañas y cráteres.
4. Nuevas técnicas _____ prometen mayor seguridad para las conexiones _____.

5 **Entrevista** Escribe las respuestas a las preguntas que una periodista le hizo a un astrónomo que descubrió un ovni.

PERIODISTA ¿Qué estaba haciendo cuando vio por primera vez el objeto volador?

ASTRÓNOMO _____

PERIODISTA ¿Qué pensó que era al principio?

ASTRÓNOMO _____

PERIODISTA ¿Cuál fue su primera reacción?

ASTRÓNOMO _____

PERIODISTA ¿Qué opina el gobierno argentino de este descubrimiento?

ASTRÓNOMO _____

PERIODISTA ¿Cuál es su teoría en cuanto a este suceso? ¿Cuál será el siguiente paso?

ASTRÓNOMO _____

6 **¡Nunca es tarde para aprender!** Imagina que eres profesor de informática. Tienes que enseñarle a un grupo de jubilados *(retirees)* a usar el correo electrónico. Escribe instrucciones sobre cómo abrir y utilizar una cuenta de correo electrónico. Usa las palabras de la lista.

adjuntar	borrar	contraseña
arroba	buscador	página web

MANUAL DE CORREO ELECTRÓNICO

_____

_____

_____

_____

_____

_____

_____

_____

Workbook

ESTRUCTURA

7.1 The present perfect

1 **Crucigrama** Completa el crucigrama con los participios de estos verbos.

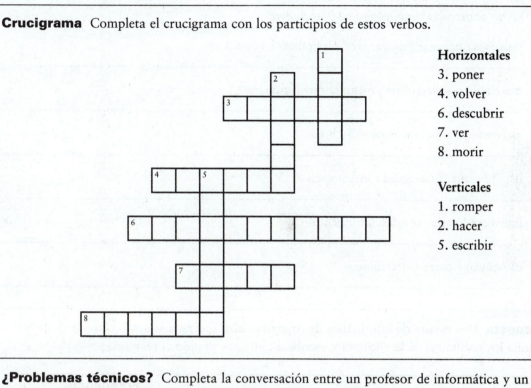

Horizontales
3. poner
4. volver
6. descubrir
7. ver
8. morir

Verticales
1. romper
2. hacer
5. escribir

2 **¿Problemas técnicos?** Completa la conversación entre un profesor de informática y un estudiante. Usa la forma correcta del pretérito perfecto y de los participios como adjetivos.

ESTUDIANTE Profesor, esta computadora está (1) _____ (romper).

PROFESOR ¡Imposible! Si apenas la (2) _____ (comprar). La tengo hace sólo una semana. Ah, mira... ¿cómo va a funcionar si no la (3) _____ (encender)?

ESTUDIANTE Ah, ahora ya está (4) _____ (encender), pero no pasa nada.

PROFESOR ¡Es que todavía no (5) _____ (escribir) tu contraseña!

ESTUDIANTE Lo que pasa es que (6) _____ (perder) mi contraseña; no la recuerdo y no se dónde la (7) _____ (guardar).

PROFESOR Está bien, usa mi portátil y entra en la página web de la escuela, como les (8) _____ (decir) a tus compañeros.

ESTUDIANTE Perdón, pero no (9) _____ (entender) las instrucciones.

PROFESOR ¿Ya estás (10) _____ (conectar) a Internet?

ESTUDIANTE Sí, pero no (11) _____ (encontrar) la página web.

PROFESOR Continuaremos mañana porque la clase se (12) _____ (terminar), ¡y mi paciencia también!

3 **¿Qué han hecho?** Combina estos elementos para formar oraciones completas. Usa el pretérito perfecto y haz los cambios necesarios.

> **modelo**
>
> yo / comprar / teléfono celular nuevo
> *Yo he comprado un teléfono celular nuevo.*

1. nosotros / navegar / descargar / programas en la red

   _____

2. matemáticos / descubrir / fórmula revolucionaria

   _____

3. astrónoma / observar / cometa / horas

   _____

4. usted / realizar / avances / investigación

   _____

5. ingeniera / patentar / descubrimiento

   _____

6. tú / enviar / correo electrónico

   _____

4 **Encuesta** Una revista de informática de Argentina hizo una encuesta a 100 usuarios de Internet. Estudia los resultados de la encuesta y escribe un informe usando el pretérito perfecto.

Preguntas	Frecuencia			
	Nunca	En los últimos 6 meses	En la última semana	En las últimas 4 horas
1. usar una computadora portátil	2	28	50	20
2. navegar en la red	1	7	57	35
3. descargar programas de computación	37	35	26	2
4. escuchar música en la computadora	5	40	45	10
5. ver DVD en la computadora	10	60	28	2
6. utilizar Skype	45	29	25	1
7. escribir en su propio *blog*	82	7	10	1
8. leer comentarios en el muro *(wall)* de Facebook	23	24	36	17

La mayoría de los encuestados ha respondido que... _____

_____

_____

_____

_____

7.2 The past perfect

1 **Oraciones incompletas** Completa las oraciones con la forma correcta del pluscuamperfecto.

1. Antes de clonar animales, los investigadores _____ (hacer) muchas pruebas.

2. Antes de ir a Marte, los astronautas ya _____ (visitar) la Luna.

3. Ayer vi una estrella fugaz. Nunca antes _____ (ver) una estrella por un telescopio.

4. La conexión a Internet es genial. Yo nunca _____ (descargar) un archivo tan rápido antes.

5. ¡Acabo de borrar un archivo adjunto y no lo _____ (leer)!

6. Los ingenieros querían patentar su último invento, pero todavía no _____ (comprobar) si funcionaba.

2 **Te presto mi computadora** Completa la conversación entre Carla y Esteban sobre los problemas que tiene Esteban con su computadora. Usa la forma correcta del pretérito perfecto o el pluscuamperfecto.

CARLA ¿Ya te (1) _____ (comprar) una computadora nueva?

ESTEBAN No, cuando fui a la tienda la oferta ya (2) _____ (terminarse) y no tengo mucho dinero ahora.

CARLA Cuando yo compré la mía la semana pasada, el vendedor me dijo que ya (3) _____ (vender) más de cincuenta computadoras portátiles.

ESTEBAN ¡Qué lástima! No (4) _____ (poder) ir antes porque (5) _____ (tener) demasiado trabajo.

CARLA ¿(6) _____ (escribir) ya el informe para tu clase de biología?

ESTEBAN Sí, me reuní con mi grupo ayer, pero todavía no (7) _____ (presentar) el informe. Te cuento también que mi vieja computadora (8) _____ (romperse) otra vez. Nunca me (9) _____ (fallar) antes, pero últimamente no (10) _____ (parar) de darme problemas.

CARLA Te puedo prestar la mía, prácticamente no la (11) _____ (usar) en las últimas dos semanas y no creo que la necesite hoy.

3 **El mundo de las computadoras** Reescribe estas oraciones usando el pluscuamperfecto. Sigue el modelo.

> **modelo**
> Hace una hora envié un correo electrónico. Usé el corrector ortográfico antes de enviarlo.
> *Ya había usado el corrector ortográfico cuando envié el correo electrónico.*

1. Recibí tu mensaje de texto a las 5:00. Terminé de descargar los programas a las 4:30.

   _____

2. Borré los archivos. Me llamaron a mi celular cinco minutos más tarde para pedírmelos.

   _____

3. Guardé los archivos adjuntos. Mi computadora se rompió poco después.

   _____

4. Tomé tres cursos de informática el año pasado. Compré esta computadora anteayer.

   _____

5. Adjunté unas fotos al correo electrónico. Perdí la conexión unos minutos después.

   _____

Lección 7 Workbook **77**

Workbook

4 **¿Por qué?** Lee esta historia y responde estas preguntas usando el pluscuamperfecto del verbo subrayado.

Los socios del club de astronomía <u>observaron</u> el cielo de La Pampa argentina por horas y finalmente vieron un objeto volador no identificado. La última vez que los socios del club <u>vieron</u> algo extraño en el cielo fue hace tres años y los investigadores no <u>vinieron</u>. Por eso, no querían llamar a los investigadores. La explicación de los investigadores fue que no podían responder a las llamadas de todos los aficionados a la astronomía porque muchas veces <u>eran</u> falsas alarmas y ellos estaban ocupados con proyectos muy importantes.

1. ¿Por qué vieron el ovni? _____

2. ¿Es ésta la primera vez que los socios del club ven objetos en el cielo? _____
_____

3. ¿Por qué no querían llamar a los investigadores? _____
_____

4. ¿Por qué los investigadores decían que no podían responder a todos las llamadas de los aficionados?
_____

5 **Pasado y presente** Piensa en avances científicos que tuvieron lugar antes de que nacieras y en avances que se han realizado en los últimos años. Escribe por lo menos ocho oraciones usando el pluscuamperfecto, el pretérito perfecto y participios como adjetivos. Puedes usar los verbos de la lista u otros.

crear	escribir	hacer	investigar	poner
descubrir	fabricar	inventar	morir	resolver

modelo
Cuando yo nací, ya **habían descubierto** la penicilina.
Las vacunas **descubiertas** por los científicos **han ayudado** a curar muchas enfermedades.

_____
_____
_____
_____
_____
_____
_____
_____
_____
_____

7.3 Diminutives and augmentatives

1 **¿Diminutivo o aumentativo?** Clasifica estas palabras en diminutivos o aumentativos. Luego, escribe la palabra original para cada una de ellas.

bocaza	casona	chiquillo	golpazo
cabezón	cerebrito	codazo	hermanito
campanilla	cerquita	cucharilla	solterón

Diminutivos	Aumentativos
abuelita/abuela	

2 **Definiciones** Selecciona la palabra que corresponde a cada definición.

1. Está en los pantalones y sirve para meter cosas. _____ (bolsillo / bolsón)

2. Prenda de vestir para dormir. _____ (camisita / camisón)

3. Ventana del carro. _____ (ventanilla / ventanón)

4. Palabra vulgar y desagradable. _____ (palabrita / palabrota)

5. Persona que nunca cambia de opinión. _____ (cabecita / cabezón)

6. Tela que se utiliza en el teatro. _____ (telilla / telón)

3 **Exclamaciones** Escribe lo que dirías en las siguientes situaciones. Sigue el modelo.

> **modelo**
> Ves un gato muy bonito: "*¡Qué gatito!*"

1. Ves una casa muy grande: "_____"

2. Ves un perro que te da mucho miedo: "_____"

3. Ves una flor muy pequeña y bonita en el campo: "_____"

4. Ves a un hombre muy pequeño: "_____"

5. Oyes una palabra muy fea: "_____"

6. Ves a dos personas que se acaban de conocer y se enamoran a primera vista:
   "_____"

7. Ves que tienes una mancha muy grande en tu camisa nueva: "_____"

8. Ves una luz muy pequeña en la distancia: "_____"

Workbook

4 **Ilustraciones** Da un título a cada una de las fotos. Usa diminutivos y aumentativos.

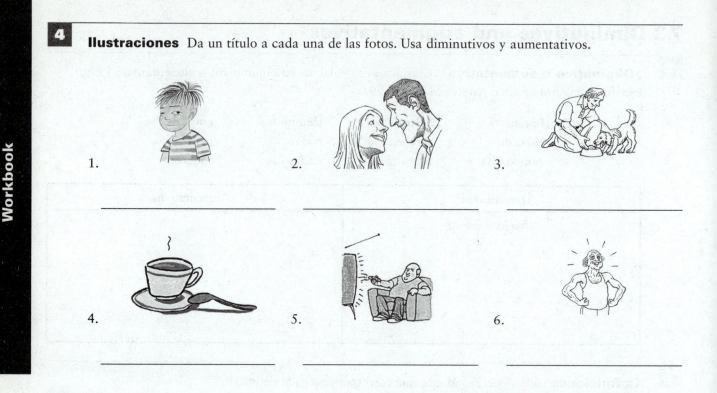

1. _____

2. _____

3. _____

4. _____

5. _____

6. _____

5 **Una pequeña gran historia** Lee el comienzo de esta historia y reemplaza los diminutivos con aumentativos y los aumentativos con diminutivos. Luego, escribe un final para la historia usando al menos cuatro diminutivos y cuatro aumentativos más, formados a partir de algunas de las palabras de la lista.

agua	avión	chico	mano
ahora	cerca	estrella	planeta
amigo	cohete	luz	taza

A María siempre le había interesado la ciencia y le encantaba leer (libritos) _____

dificilísimos. Siempre decía: "Cuando sea (grandecita) _____ voy a ser inventora". En

el fondo de su (casona) _____ había un (cuartote) _____ donde María

hacía muchos experimentos. Cuando terminó la escuela secundaria, _____

_____

_____

_____

_____

_____

_____

_____

MANUAL DE GRAMÁTICA

7.4 Expressions of time with *hacer*

1 **Avances científicos** Completa las oraciones utilizando expresiones de tiempo con **hacer** y el pretérito. Añade los elementos necesarios.

> **modelo**
> ingenieros / patentar el invento / dos años
> *Los ingenieros patentaron el invento hace dos años.*

1. yo / descargar el programa / quince minutos _____
2. astronauta / descubrir un planeta nuevo / varios años _____
3. biólogos / investigar sobre plantas acuáticas / cinco años _____
4. químicos / hacer un descubrimiento revolucionario / un año _____
5. teléfonos celulares con cámara / inventarse / varios años _____

2 **Problemas con el correo electrónico** Completa la conversación con las palabras de la lista. Vas a usar algunas de las palabras más de una vez.

> cuánto   que   hace   hacía   desde

MIGUEL ¿(1) _____ tiempo (2) _____ que me enviaste ese mensaje electrónico?

MARÍA Mmm… (3) _____ por lo menos tres horas.

MIGUEL (4) _____ dos minutos (5) _____ he revisado mi correo y no está ahí.

MARÍA He trabajado en esta oficina (6) _____ hace siete años y nunca he visto nada igual. ¿Estás seguro de que no lo has borrado?

MIGUEL No, no he borrado ningún mensaje desde (7) _____ meses. Envíamelo otra vez, por favor.

MARÍA ¡Ay! Pues yo guardaba todos mis mensajes desde (8) _____ siete años, pero esta mañana los he borrado todos.

3 **Preguntas** Responde estas preguntas sobre la actividad anterior con oraciones completas y las expresiones de tiempo con **hacer**.

1. ¿Cuánto tiempo hace que María le envió el mensaje a Miguel?
   _____

2. ¿Cuánto tiempo hace que Miguel no mira su correo electrónico?
   _____

3. ¿Desde hace cuánto tiempo trabaja María en su oficina?
   _____

4. ¿Cuánto tiempo hace que Miguel no borra ningún mensaje de su correo electrónico?
   _____

5. ¿Cuánto tiempo hacía que María guardaba sus mensajes?
   _____

Workbook

ATANDO CABOS

Lectura

1 **Antes de leer** ¿Tienes familiares o amigos que viven lejos? ¿Cómo te comunicas con ellos?

_____
_____

Skype: Regreso a casa

Hay más de 50 millones de hispanos en los Estados Unidos, la mayoría de ellos con familia en sus países de origen. A veces, puede resultar muy complicado, si no imposible, para estas personas visitar sus países, ya sea por motivos de trabajo, económicos o de falta de tiempo. Afortunadamente, gracias a las nuevas tecnologías, las barreras geográficas dejan de ser un impedimento° y los inmigrantes hispanos en Estados Unidos pueden mantener sus raíces° y el contacto con sus seres queridos.

No es nada nuevo que los inmigrantes puedan mantener los lazos° con sus familiares, ya que llevan haciéndolo por siglos a través del correo, y después a través de la red telefónica. Lo que es relativamente nuevo y revolucionario es la forma en que se comunican. Internet se ha convertido en una herramienta económica y accesible que permite a los extranjeros estar más cerca de sus casas, de sus costumbres y de sus tradiciones.

Skype es una plataforma informática que permite chatear, realizar llamadas y videollamadas a otros usuarios de Skype en cualquier parte del mundo de forma totalmente gratuita°. Con el modo de videollamada, las personas se pueden ver en la pantalla y hablar a través del micrófono tal y como lo harían en una conversación cara a cara. La mayoría de computadoras portátiles tienen cámara y micrófono incorporados, así que hablar con personas a miles de kilómetros es tan fácil como apretar un botón. Además, Skype permite hacer llamadas a teléfonos celulares y fijos a precios muy económicos.

En 2014, Skype superó los 300 millones de usuarios registrados. Está disponible para diferentes sistemas operativos e incluso para muchos teléfonos celulares. Con la tecnología de hoy, el mundo entero está a sólo un clic de distancia.

impedimento *obstacle* **raíces** *roots* **lazos** *ties, bonds* **gratuita** *free*

2 **Después de leer**

A. Cierto o falso Indica si estas afirmaciones son **ciertas** o **falsas**.

Cierto	Falso		
❑	❑	1.	Los hispanos en Estados Unidos siempre pueden viajar a sus países sin dificultad.
❑	❑	2.	Internet facilita la comunicación de los inmigrantes con sus familiares.
❑	❑	3.	Skype es un servicio que permite a sus usuarios comunicarse por correo electrónico.
❑	❑	4.	Las llamadas a teléfonos celulares y fijos son totalmente gratuitas con Skype.

B. ¿Y tú? ¿Has utilizado Skype alguna vez? ¿Cómo fue la experiencia? ¿Crees que los servicios como Skype pueden llegar a reemplazar la telefonía tradicional? ¿Por qué?

_____
_____

Composición

3   **Preparación** Imagina que estás trabajando en una campaña publicitaria para una compañía de telecomunicaciones. Escribe un folleto publicitario explicando las diferentes posibilidades para comunicarse con los familiares que están lejos.

Escribe una lista de los diferentes servicios que ofrece tu compañía (Internet, telefonía fija, telefonía celular, telefonía por Internet, televisión por satélite, etc.). Luego, piensa en las diferentes posibilidades que ofrecen esos productos (teléfonos celulares: mensajes de texto, envío de fotos, etc.).

Servicios y productos	Posibilidades

4   **¡Escríbelo!** Escribe un folleto publicitario para dar a conocer los servicios de tu compañía a la población hispanohablante de tu comunidad.

- Describe el servicio y los productos que ese servicio requiere (computadora, teléfono fijo, antena parabólica, etc.).
- Explica las posibilidades y los beneficios de estos productos y servicios (enviar correo electrónico, comunicarse a través de video, etc.).
- Incluye otra información, como precio, duración de la instalación, promociones especiales, etc.
- Termina tu folleto con la información de contacto para solicitar esos productos y servicios (número de teléfono, página web, etc.).

_____

_____

_____

_____

_____

_____

_____

_____

_____

Workbook

Lección 7 Workbook

Workbook

Workbook

CONTEXTOS

Lección 8
La economía y el trabajo

1 **¡Felicitaciones!** El señor Ferrari está muy contento. Ordena la conversación del uno al diez para saber por qué está tan feliz.

_____ a. Me alegro, porque usted también ha sido ascendido.

__1__ b. Señor Pardo, me dijo su socio que usted quiere hablar conmigo.

_____ c. ¡Felicitaciones, señor Ferrari! Ahora vaya a descansar porque mañana lo espera un largo día.

_____ d. Sí. Quiero felicitarlo por ese proyecto, señor Ferrari. Fue aprobado por los ejecutivos de la empresa.

_____ e. Gracias. ¿Quiere hablarme sobre el proyecto que le presenté a la compañía?

_____ f. ¡Ésa es una excelente noticia! ¿Les gustó a todos los ejecutivos?

_____ g. ¡Ésa es otra excelente noticia, señor Pardo!

_____ h. A todos, sin excepción. Creemos que el proyecto será un éxito y queremos que comience a trabajar en esto mañana mismo. ¿Está de acuerdo?

_____ i. ¡Sí, por supuesto!

_____ j. Así es, señor Ferrari. Pase y tome asiento, por favor.

2 **Diálogos en Blas y Cía.** Completa las conversaciones sobre situaciones laborales en la empresa Blas y Cía. con las palabras de la lista.

aumento	contrato	puesto	sindicato
compañía	dueña de la empresa	reunión	sueldo mínimo

CONVERSACIÓN 1

—Señor Domínguez, el (1) _____ está planeando una (2) _____ para el próximo martes.

—¿Cuál es el problema ahora?

—Trabajamos demasiado y tan sólo por un (3) _____. Queremos un (4) _____ de sueldo por trabajar en estas condiciones.

—Bien, lo discutiré con la (5) _____.

CONVERSACIÓN 2

—Señorita Rodríguez, su currículum es impresionante. Sus estudios y experiencia son adecuados para nuestra (6) _____. El (7) _____ es suyo. ¿Puede comenzar a trabajar el lunes próximo?

—¡Claro que sí!

—Entonces, sólo tiene que firmar el (8) _____.

3 **Analogías** Completa cada analogía con la palabra adecuada.

1. contratar : despedir :: solicitar: _____

2. empleo : desempleo :: ganar bien: _____

3. pobreza : riqueza :: exportar: _____

4. ahorrar : gastar :: capaz: _____

5. conferencia : reunión :: compañía: _____

6. contratar : puesto de trabajo :: ascender: _____

4 **Huelga mundial de mujeres** Completa este párrafo con palabras de la lista.

desempleada	exitosos	huelga	riqueza
exigir	hipoteca	pobreza	sueldo

La Huelga Mundial de Mujeres nace en 1999 cuando las mujeres irlandesas deciden convocar una
(1) _____ general y piden el respaldo de la Campaña Internacional por el Salario para
el Trabajo del Hogar. Las mujeres de todo el mundo se han movilizado para (2) _____
el reconocimiento del trabajo sin (3) _____ que hacen en sus hogares, para luchar
por la igualdad salarial y para combatir la (4) _____, la explotación y todo tipo de
discriminación. La campaña ha tenido resultados (5) _____: ha reunido a mujeres en
más de sesenta países y ha formado una red internacional de coordinadoras de la huelga.

En la actualidad, las mujeres en Venezuela han logrado que el Artículo 88 de la Constitución
reconozca al trabajo del hogar como actividad económica que produce (6) _____ y
bienestar social, y que le da derecho (*rights*) a las amas de casa (*housewives*) a la seguridad social.

5 **Peticiones** Escribe la lista de peticiones que un grupo de mujeres pudo haber hecho al gerente de la
empresa donde trabajan. Usa oraciones completas.

1. Contratos: *Queremos que nuestros contratos sean justos.* _____

2. Puestos de trabajo: _____

3. Situación de la mujer: _____

4. Sueldo mínimo: _____

5. Horario de trabajo: _____

6 **Carta** Imagina que perteneces a una asociación que lucha por los derechos civiles de la mujer.
Escribe una carta al gobierno de tu país pidiendo el reconocimiento del trabajo en el hogar y el
derecho a la igualdad en el mundo laboral. Usa al menos ocho palabras de la lista.

aumento de sueldo	contrato	fijo	sindicato
capaz	empleado	ganar bien	solicitar
cobrar	empleo	puesto	sueldo mínimo

_____

_____

_____

_____

_____

_____

_____

_____

_____

_____

ESTRUCTURA

8.1 The conditional

1   **Entrevista** Completa esta conversación con la forma correcta del condicional de los verbos entre paréntesis.

CANDIDATO   Si yo pudiera formar parte de esta empresa (1) _____ (estar) dispuesto a todo.

GERENTE   Pero, sin experiencia, usted no (2) _____ (poder) ocupar el puesto de trabajo que solicita en nuestra compañía.

CANDIDATO   No me (3) _____ (importar) trabajar en cualquier otro puesto, incluso (4) _____ (trabajar) por el sueldo mínimo. También (5) _____ (estudiar) para poder ascender.

GERENTE   (6) _____ (tener) que consultarlo con el asesor y con la dueña de la empresa. Creo que usted (7) _____ (ser) un buen vendedor algún día; parece una persona muy capaz.

CANDIDATO   Muchísimas gracias. Me (8) _____ (encantar) ser vendedor y algún día (9) _____ (poder) llegar al puesto de contador o gerente.

GERENTE   (10) _____ (valer) la pena intentarlo. Es usted un joven con mucho talento y entusiasmo, y creo que puede tener un gran futuro en esta empresa.

2   **Las responsabilidades de Mario** Mario se reúne con el asesor de la empresa, quien le informa sobre las responsabilidades que tendría como empleado. Mira la lista del asesor y escribe oraciones usando el condicional.

1. hacer fotocopias: _Harías fotocopias._ _____

2. preparar informes de ventas: _____

3. ayudar al gerente: _____

4. administrar la base de datos: _____

5. distribuir el correo: _____

6. tener que ir a reuniones: _____

3   **¡Decepcionado!** Mario es contratado, pero se siente decepcionado porque tiene responsabilidades de las que no había hablado con el gerente. Imagina lo que piensa y escribe oraciones usando el condicional.

1. decirme / asistir cursos de formación _El gerente me dijo que asistiría a cursos de formación._

2. mencionar / ser vendedor y no asistente _____

3. decirme / tener futuro en su empresa _____

4. decirme / valer la pena intentarlo _____

5. explicar / administrar proyectos importantes _____

6. prometerme / atender a muchos clientes _____

Workbook

4 **Completar** Completa las oraciones usando el condicional para explicar qué pasaría en estas situaciones hipotéticas.

1. Una empresa multinacional cierra de repente.

   Los empleados *se quedarían sin trabajo y protestarían.*

2. Tu jefe te ofrece un puesto más alto en tu empresa que requiere más horas de trabajo.

   Tú _____

3. Las mujeres de todo el mundo logran tener los mismos derechos laborales.

   Ellas _____

4. Los ciudadanos no tienen que pagar impuestos.

   Yo _____

5. El día de trabajo aumenta a doce horas diarias.

   Nosotros, los empleados, _____

6. El gerente de una compañía renuncia.

   La dueña de la compañía _____

5 **¿Qué harías tú?** Elige una de estas situaciones y escribe al menos cuatro oraciones para explicar qué harías tú en ese caso. Usa el condicional.

1. Tú eres el/la dueño/a de una empresa y te enteras de que tus empleados piensan que no ganan suficiente dinero.

2. Tú eres el/la gerente de una empresa y tus asesores te recomiendan tercerizar (*outsource*) los servicios que ofrece tu empresa a otro país donde los costos serían menores.

_____
_____
_____
_____

6 **¿Cómo sería tu trabajo ideal?** Describe cuáles serían tus responsabilidades, cómo sería el ambiente de trabajo, cómo sería la relación con tu jefe/a, cuánto dinero ganarías, etc. Escribe al menos seis oraciones y usa el condicional. Puedes usar las palabras de la lista.

administrar	ganar bien	puesto	sueldo
ejecutivo/a	horas extra	secretario/a	vacaciones

_____
_____
_____
_____
_____

8.2 The past subjunctive

1

Consejos para conseguir trabajo Completa la carta de Teresa con el imperfecto del subjuntivo de los verbos entre paréntesis.

Querida Carla:

Me pediste que te (1) _____ (dar) consejos para encontrar trabajo. Ya te dije que
(2) _____ (mirar) el periódico todos los días y que (3) _____ (solicitar)
todos los puestos que te (4) _____ (parecer) interesantes. Yo no creía que
(5) _____ (poder) encontrar nada interesante en el periódico, pero ahí encontré el
anuncio de la revista *La Semana*. A mí me aconsejaron que (6) _____ (revisar) muy
bien mi currículum vitae y que (7) _____ (destacar) mi experiencia en puestos similares
al que solicitaba. También me dijeron que era importante que (8) _____ (investigar)
sobre la compañía antes de ir a la entrevista, para que las personas en la empresa (9) _____
(saber) que tenía interés. Escríbeme pronto. (10) _____ (querer) saber cómo te va en
las entrevistas. Si tienes más preguntas, ya sabes dónde estoy.

Besos,

Teresa

2

En el trabajo Contesta las preguntas usando la información entre paréntesis.

1. ¿Qué te pidió el gerente? (reunirme con él)
   El gerente me pidió que me **reuniera** con él.

2. ¿Qué quería la dueña de la empresa? (candidatos / hablar con los empleados)
   _____

3. ¿Qué sugirió la ejecutiva? (despedir al vendedor)
   _____

4. ¿Qué esperabas tú? (puesto / ser más interesante)
   _____

5. ¿Qué solicitó el sindicato? (la empresa / aumentar / sueldos)
   _____

3

¿Qué piensas tú? ¿Qué consejos le darías a una amiga tuya para una entrevista de trabajo? Escribe oraciones completas combinando elementos de las dos columnas. Usa el condicional y el imperfecto del subjuntivo.

aconsejar	mostrar interés
decir	mostrar(se) profesional/auténtico
pedir	(no) preguntar sobre el salario
recomendar	sonreír
sugerir	vestirse muy bien

1. Le aconsejaría que se vistiera muy bien. _____
2. _____
3. _____
4. _____
5. _____

4

¡Trabajo conseguido! Carla encontró un buen trabajo en Uruguay. Imagina qué pasó en su primer día de trabajo y escribe oraciones completas combinando los elementos de las cuatro columnas. Usa el pretérito y el imperfecto del subjuntivo.

asesor	decir	ayudar a preservar	contrato
dueño de la compañía	ordenar	financiar	ejecutivos
empleados	pedir	hablar	fábricas de automóviles
gerente	querer	reunirse	inversión
sindicato	recomendar	revisar	el medio ambiente
socios	sugerir	solicitar	nuevas tecnologías

1. Un asesor me pidió que me reuniera con los ejecutivos. _____
2. _____
3. _____
4. _____
5. _____
6. _____

5

Primer día de trabajo Tu amiga te escribe un mensaje de correo electrónico contándote sobre su primer día de trabajo. Escribe el mensaje usando la información de la actividad anterior y las palabras o frases de la lista. Usa el imperfecto del subjuntivo de al menos cinco verbos diferentes.

buen sueldo	muy interesante
combustibles alternativos	nuevas tecnologías
ejecutivo/a	un poco estresante

¡Hola! Te quiero contar sobre mi primer día de trabajo. Mi jefa me pidió que me reuniera... _____

_____
_____
_____
_____
_____
_____
_____
_____
_____
_____

8.3 *Si* clauses with simple tenses

1 **Situaciones** Completa estas oraciones sobre situaciones hipotéticas con el verbo adecuado.

1. Si no _____ (encuentras / encontraras) trabajo, tendrás que trabajar para tu padre.

2. Si tuvieras más experiencia, no _____ (estuvieras / estarías) en ese puesto.

3. Si la bolsa de valores _____ (bajara / bajaría), perderíamos dinero.

4. Si _____ (ahorras / ahorraras) algo, ahora no tendríamos tantas deudas.

5. Si el desempleo aumenta, _____ (hay / habrá) más pobreza en el mundo.

6. Si los empleados fueran más eficientes, el trabajo ya _____ (estuviera / estaría) terminado.

7. Si _____ (gano / ganara) más, no cambiaría de empresa.

8. Si _____ (trabajaras / trabajas) duro, no te despedirán.

2 **Conversación** Completa la conversación entre Jorge y Miguel con la forma correcta del condicional o del imperfecto del subjuntivo de los verbos.

JORGE   Miguel, ¿qué te gustaría hacer si (1) _____ (tener) más tiempo libre?

MIGUEL   Me (2) _____ (encantar) viajar por toda Latinoamérica. De hecho, yo

(3) _____ (poder) viajar si (4) _____ (conseguir) el puesto

de reportero. Si el jefe me (5) _____ (ascender), yo te

(6) _____ (nombrar) mi asistente personal y te (7) _____

(llevar) conmigo a hacer reportajes.

JORGE   Si te ascendieran, yo me (8) _____ (quedar) con tu oficina, porque no

sé si me (9) _____ (gustar) pasar todo el año viajando.

MIGUEL   Piénsalo, si (10) _____ (ser) mi ayudante, no (11) _____

(tener) que aguantar a un jefe como él.

JORGE   Pero (12) _____ (tener) que aguantarte a ti, que tampoco es fácil.

3 **Si yo...** Completa estas oraciones explicando qué hacías, harás o harías en estas situaciones.

1. Si fuera el/la dueño/a de una empresa multinacional, _____

2. Si tuviera más ahorros, _____

3. Si hacía el trabajo a tiempo, mi jefe _____

4. Si consigo un ascenso, _____

5. Si invirtiera en la bolsa de valores, _____

6. Si me despiden, _____

7. Si gastara menos dinero, _____

8. Si aumentan mi sueldo, _____

Workbook

4 **¿Qué harías?** ¿Qué harías si estuvieras en el lugar de estas personas? Usa el condicional y el imperfecto del subjuntivo.

1. El/La multimillonario/a dueño/a de una fábrica de automóviles que está pensando en lanzar un carro híbrido.

    _____

2. El/La delegado/a del sindicato que visita una empresa que explota a los trabajadores.

    _____

3. El/La socio/a de una empresa de exportación en bancarrota.

    _____

4. Un(a) empleado/a que cobra el sueldo mínimo y va a ser despedido/a.

    _____

5. Un(a) ejecutivo/a incapaz que va a ser ascendido/a.

    _____

6. Un(a) candidato/a a un puesto alto en una empresa que tiene dificultades financieras.

    _____

5 **Dilemas** Elige una de estas cuatro situaciones y escribe un párrafo en el que describes lo que harías tú. Usa el condicional y el imperfecto del subjuntivo en tu respuesta.

1. Te enteras por otra persona que un(a) amigo/a te dijo una mentira.

2. No puedes encontrar trabajo en tu propio país.

3. Tus padres no están de acuerdo con algo que tú quieres hacer.

4. Te acaban de despedir de tu trabajo por algo que tu mejor amigo/a hizo.

_____

_____

_____

_____

_____

_____

_____

_____

_____

_____

_____

_____

_____

MANUAL DE GRAMÁTICA

8.4 Transitional expressions

1 **María cuenta su experiencia laboral** Completa la historia de María con las expresiones de transición adecuadas.

(1) _____ (Primero / Como) trabajé como cocinera en un restaurante de comidas rápidas. (2) _____ (Al mismo tiempo / Al principio) me gustaba ese trabajo, pero luego me di cuenta de que trabajaba demasiadas horas y mi sueldo era muy bajo. (3) _____ (Por un lado / Entonces) busqué otro empleo. (4) _____ (Después de / Mientras) dos entrevistas, conseguí un puesto como cajera en una tienda muy famosa. (5) _____ (Sin embargo / Mientras) trabajaba en la tienda, estudiaba español por las noches. Trabajé allí varios meses, pero (6) _____ (finalmente / además) me despidieron porque era muy lenta en la caja. (7) _____ (Igualmente / Ayer) me llamaron para trabajar en otro restaurante de comidas rápidas y (8) _____ (hoy / además) fui a la entrevista. Me ofrecieron el puesto (9) _____ (porque / aunque) tenía experiencia en otro restaurante. ¡Espero no trabajar tantas horas esta vez!

2 **Marcos encuentra trabajo** Completa el relato de Marcos con las expresiones de transición de la lista. Puedes repetir algunas expresiones.

además	debido a eso	por eso	por fin	por un lado
al contrario	mientras que	por esta razón	por otra parte	sin embargo

Hoy estoy muy contento; (1) _____, ven en mi cara una sonrisa. ¡Encontré trabajo! (2) _____, no es un mal trabajo; (3) _____, realmente es muy bueno. ¿Recuerdan que dos meses atrás escribí una carta a la multinacional Chispitas y otra a la fábrica de ropa Juanjo? ¡No lo van a creer! ¡Tuve respuesta de las dos empresas! (4) _____, recibí una llamada telefónica de la empresa multinacional y, (5) _____, me enviaron una carta de la fábrica Juanjo. Primero pensé que era una broma. (6) _____, los dos mensajes parecían verdaderos. Esta semana tuve las dos entrevistas. (7) _____ en Chispitas me ofrecían un sueldo mínimo y un contrato por tres meses, en Juanjo me darían un trabajo permanente y un sueldo muy bueno. (8) _____, tomé el trabajo en la fábrica. Mi trabajo consiste en analizar la situación financiera de las compañías de la competencia. (9) _____, tengo que hablar con posibles inversores para que la compañía mejore su situación financiera. Ayer comencé con el trabajo y es más difícil de lo que pensaba. (10) _____, hoy ya siento un poco de estrés. (11) _____, estoy feliz porque ya puedo ganarme la vida y devolver el dinero que me habían prestado mis amigos. ¡Prefiero la presión del trabajo a la tristeza del desempleo!

ATANDO CABOS

Lectura

1   **Antes de leer**   ¿Has buscado trabajo alguna vez? ¿En qué? ¿Cómo fue la búsqueda?

_____

_____

_____

¿Quieres conseguir trabajo en Latinoamérica?

El proceso para conseguir trabajo en Latinoamérica tiene muchos aspectos similares al de los Estados Unidos. Un ejemplo es la búsqueda de empleo por Internet, en redes de contactos como Linkedin. Pero también existen muchas diferencias. Primero, el factor más importante en muchos países latinoamericanos es el tipo de conexiones que tiene la persona que está buscando trabajo. Por otra parte, el uso de los clasificados en el periódico para buscar empleo varía de país a país, pero en general se puede decir que es bastante común recurrir a este medio.

Las personas que solicitan empleo deben presentar un currículum, que probablemente no será tan conciso y que incluirá datos personales, tales como lugar y fecha de nacimiento, estado civil, y hasta una foto. Muchas veces las empresas requieren este tipo de información. Debido al alto nivel de desempleo, las empresas pueden ser exigentes (*demanding*) y poner muchas condiciones.

Las empresas también usan con frecuencia todo tipo de tests para seleccionar a sus empleados: por ejemplo, tests de personalidad, de conocimientos o de inteligencia. Y es común que al candidato se le hagan preguntas acerca de su estado civil, su salud, el número de hijos, si tiene carro, etc.

En las entrevistas se da mucha importancia a la apariencia personal, aunque siempre se le recomienda al candidato que se muestre seguro de sí mismo y de sus conocimientos.

Armado con toda esta información, ¿estás ya listo para iniciar tu búsqueda?

2   **Después de leer**

A. Comprensión   Elige la opción correcta para completar estas oraciones, según lo que leíste.

1. El factor más importante a la hora de buscar trabajo en Latinoamérica es
   tener _____.
      a. contactos   b. un currículum completo   c. más de cuarenta años

2. A veces las empresas ponen muchas condiciones y son muy exigentes porque _____.
      a. los candidatos no están capacitados
      b. hay muchos candidatos
      c. no quieren contratar personas con hijos

3. Las empresas usan tests de personalidad, inteligencia, conocimientos
   para _____ a los candidatos.
      a. despedir   b. seleccionar   c. ascender

4. Hacer preguntas personales en las entrevistas de trabajo es _____.
      a. usual   b. muy raro   c. ilegal

B. Diferencias   Vuelve a leer el artículo y explica tres diferencias entre el proceso de búsqueda de trabajo en Latinoamérica y el proceso de búsqueda en tu país.

1. _____

2. _____

3. _____

Composición

3 **Preparación** Imagina que estás buscando trabajo en un país latinoamericano. Elige un país que te interese y escribe tu currículum vitae para solicitar trabajo en ese país. Aquí te presentamos un modelo.

DATOS PERSONALES
Nombre y apellidos: **Carmelo Roca**
Fecha de nacimiento: 14 de diciembre de 1981
Lugar de nacimiento: Salamanca
D.N.I.: 7885270-R
Dirección: Calle Ferrara 17. Apt. 5, 37500 Salamanca
Teléfono: 923 270118
Email: rocac@teleline.com

FORMACIÓN ACADÉMICA
• 2005-2007 Máster en Administración y Dirección de Empresas, Universidad Autónoma de Madrid
• 1999-2004 Licenciado en Administración y Dirección de Empresas por la Universidad de Salamanca

CURSOS Y SEMINARIOS
• 2005 "Gestión y Creación de Empresas", Universidad de Córdoba

EXPERIENCIA PROFESIONAL
• 2004-2005 Contrato de un año en la empresa RAMA, S.L., realizando tareas administrativas
• 2001-2004 Contrato de trabajo haciendo prácticas en Banco Sol

IDIOMAS
• INGLÉS Nivel alto. Título de la Escuela oficial de idiomas
• ITALIANO Nivel medio

INFORMÁTICA/COMPUTACIÓN
• Conocimientos de usuario de Mac / Windows
• MS Office

Escribe las categorías que tu currículum va a tener. Considera cuatro como mínimo. Luego, en cada categoría, anota palabras y expresiones que se relacionen con cada una.

Categorías en el currículum vitae	Palabras y expresiones relacionadas con cada categoría

4 **¡Escríbelo!** El currículum vitae debe contener esta información:
• Información personal detallada (fecha y lugar de nacimiento, estado civil, etc.). Incluye información de contacto.
• Datos sobre cada categoría que elegiste: tu formación, experiencia, idiomas, etc.

_____
_____
_____
_____
_____

Workbook

Lección 8 Workbook

Lección 9

La cultura popular y los medios de comunicación

CONTEXTOS

1

Palabras perdidas Completa cada conversación con las palabras de la lista.

actor	banda sonora	episodio	oyente	público	rodarlo
al tanto	chismes	estrella	programa	radio	telenovela

A —Están todos los actores menos nuestra (1) _____. ¿Dónde está?

—Se fue, señor.

—¿Cómo que se fue? Le dije que el (2) _____ final de la telenovela no está bien. Tenemos que (3) _____ nuevamente.

B —¡Atención! Un (4) _____ nos llama. Hola. ¿Quién está en la línea?

—Hola, Mario. Me llamo Pedro y quería felicitarte por tu (5) _____. Me encanta escucharte en la (6) _____.

—¡Muchas gracias, Pedro! ¿Qué tema te gustaría escuchar?

C —¿Es cierto que la actriz principal de la (7) _____ *Ladrón de amor* y tú tienen una relación amorosa?

—Lo siento. No hay comentarios.

—El (8) _____ te admira y quiere saberlo. Tienes una obligación con tus admiradores, que quieren estar (9) _____ de tu vida.

—Mi obligación es impedir que inventes (10) _____.

2

Definiciones Elige la palabra de la lista que corresponde a cada definición.

cine	emisora	imprimir	publicidad
diario	episodio	lector	redactor
documental	estrella	locutor	televidente

_____ 1. persona que habla ante el micrófono en un programa de radio

_____ 2. estación de radio

_____ 3. película que informa sobre hechos reales

_____ 4. anuncio comercial para atraer a posibles compradores, espectadores, oyentes, etc.

_____ 5. persona que mira televisión

_____ 6. periódico que se publica todos los días

_____ 7. persona que trabaja en la oficina de un periódico y que escribe cosas que han pasado

_____ 8. artista de cine muy famoso/a

_____ 9. persona que lee

_____ 10. sala o edificio público en el que se exhiben películas

3 **La intrusa**

A. Identifica la palabra que no pertenece al grupo.

1. el televidente	la telenovela	el episodio	la moda
2. el crítico de cine	la tira cómica	los efectos especiales	la banda sonora
3. la portada	el redactor	la sección deportiva	la sección de sociedad
4. la parcialidad	el locutor	el oyente	la emisora
5. la reportera	el público	la noticia	el reportaje
6. el canal	el titular	el subtítulo	la prensa

B. Ahora, escribe tres oraciones usando las palabras intrusas.

_____

_____

_____

_____

4 **Mi serie favorita** Completa el párrafo con palabras y expresiones adecuadas del vocabulario de esta lección.

Mi serie de (1) _____ favorita era *Los Serrano*. Era una serie tan buena que duró ocho temporadas. El estreno se (2) _____ el 22 de abril de 2003 y desde ese primer (3) _____ tuvo un gran éxito entre el (4) _____ joven porque siempre trataba temas de la (5) _____ con un toque de humor. La verdad es que los actores no tenían mucho talento, pero como la serie se transmitía (6) _____, las situaciones espontáneas eran más divertidas y reales. Lo que no me gustaba mucho de *Los Serrano* eran todas las pausas que hacían para los (7) _____; tanta publicidad siempre me hacía cambiar de (8) _____. Sin embargo, la serie conseguía mantenerme pegado a la pantalla de mi televisor cada semana. ¡Necesitaba saber si al final Marcos y Eva iban a terminar juntos!

5 **Una estrella** Escribe una breve biografía de una estrella muy famosa. Usa por lo menos seis palabras o frases de la lista.

celebridad	controvertido	enterarse	fama	influyente
chisme	en vivo	estar al tanto	hacerse famoso/a	portada

_____

_____

_____

_____

_____

_____

_____

_____

ESTRUCTURA

9.1 The present perfect subjunctive

1 **Una película censurada** Completa la conversación entre Leopoldo y su amiga Ángela. Usa los verbos de la lista.

hayan censurado	haya estado	haya opuesto
ha cuidado	han formado	ha sido
han cuidado	has formado	haya sido
haya dejado	ha influido	hayamos vuelto

LEOPOLDO No me sorprende que los miembros del Instituto de Cinematografía

(1) _____ la película.

ÁNGELA ¡Qué mala suerte! Lo siento mucho.

LEOPOLDO Pero dudo que el presidente del Instituto (2) _____

de acuerdo con la censura. Creo que (3) _____ presionado.

ÁNGELA No estoy seguro de que (4) _____ presionado. Pienso que te

(5) _____ una opinión equivocada de él.

LEOPOLDO ¿No crees que el presidente se (6) _____ a la censura?

ÁNGELA No pienso que él se (7) _____ convencer por la opinión de otros. Creo

que tiene mucho poder y él siempre (8) _____ mucho su imagen pública.

2 **Censura** Completa la carta con la forma apropiada del pretérito perfecto del subjuntivo de los verbos entre paréntesis.

Quienes (1) _____ (enterarse) de la decisión de censurar mi película sabrán por qué escribo esta carta.

Espero que todo el público (2) _____ (sentir) el mismo enojo que yo sentí. Lamentablemente, dudo que muchos colegas (3) _____ (enojarse). No estoy seguro de que los que me apoyan (4) _____ (ponerse) tan furiosos como yo, pero sé que algunos colegas se han alegrado. Y esto es muy triste para mí.

Me molesta mucho que el Instituto de Cinematografía (5) _____ (llegar) a esta decisión. Pero me molesta más que todos los miembros del Instituto (6) _____ (firmar) la decisión. El Instituto opina que la película tiene muchas escenas violentas. Pero yo sólo he tratado de representar una época. No puedo evitar que en esa época (7) _____ (haber) tanta violencia.

Por otra parte, no creo que la película se (8) _____ (evaluar) imparcialmente. Pero lo más terrible es que todavía exista la censura. Que nosotros (9) _____ (ser) tratados como niños en el pasado no quiere decir que seguiremos permitiéndolo en el futuro. Somos capaces de evaluar, criticar, pensar y decidir. ¡Defendamos nuestro derecho a la libertad de expresión!

3 **Discusión** Un director de cine discute con Francisco Madero, el presidente del Instituto de Cinematografía. Completa la conversación con el opuesto de lo que dice el director. Utiliza el **pretérito** perfecto del subjuntivo o del indicativo, según corresponda. Sigue el modelo.

> **modelo**
>
> **DIRECTOR** Creo que el Instituto no ha sido imparcial con mi película.
> **FRANCISCO** *No creo que el Instituto haya sido parcial.*

DIRECTOR ¿Por qué? Dudo que la película haya exagerado los hechos.

FRANCISCO (1) _____. Deberías estudiar más historia.

DIRECTOR Pienso que tú has leído sólo una parte de la historia verdadera.

FRANCISCO (2) _____. Insisto en que la película ha exagerado los hechos.

DIRECTOR No creo que esta situación haya terminado.

FRANCISCO (3) _____. Mejor dicho, ¡no hay nada más que discutir!

DIRECTOR Pienso que me has engañado.

FRANCISCO (4) _____. Creo que tú nunca has llegado a conocer mis ideas.

DIRECTOR Y yo creo que es cierto que no te ha importado mi amistad.

FRANCISCO (5) _____. Pero mi trabajo es mi trabajo.

DIRECTOR No estoy seguro de que al público le haya gustado la decisión.

FRANCISCO (6) _____. De lo contrario, estaría protestando.

4 **Protesta** Cientos de personas comenzaron a protestar contra la censura. Completa los comentarios que hacen algunos manifestantes. Utiliza el pretérito del subjuntivo o el pretérito perfecto del subjuntivo, según corresponda.

1. "Es increíble que en el siglo XXI se _____ (prohibir) una película."

2. "Es necesario que _____ (existir) un solo tipo de censura: pedimos que se

   _____ (prohibir) la censura."

3. "Esperamos que el Instituto _____ (revisar) su decisión en la reunión que acaba

   de terminar."

4. "Esperamos también que en la reunión se _____ (reconsiderar) la censura."

5. "Ojalá que esta mañana los miembros del Instituto _____ (reflexionar) más

   profundamente sobre esta situación y que _____ (decidir) renunciar a sus cargos."

6. "Preferimos que de ahora en adelante el Instituto Cinematográfico _____ (elegir)

   miembros que _____ (defender) la libertad de expresión."

9.2 Relative pronouns

1 **Descripciones** Empareja estas palabras con las descripciones correspondientes.

1. la estrella del pop _____
2. la banda sonora _____
3. el crítico de cine _____
4. los oyentes _____
5. los subtítulos _____
6. el periodista _____

a. el texto escrito que aparece en la pantalla con una traducción o transcripción de lo que escuchamos
b. la persona cuyo trabajo se desempeña en un periódico, revista o programa de televisión
c. la persona a quien todos piden autógrafos
d. la música que acompaña a una película
e. la persona que escribe la crítica de las películas
f. las personas que escuchan los programas de radio

2 **Un profesor paraguayo** Completa lo que dice Eduardo con los pronombres relativos que, quien y cuyo/a.

1. Yo soy de Paraguay, _____ capital es Asunción.

2. El guaraní es la lengua _____ hablan casi todas las personas en Paraguay.

3. En Paraguay, yo trabajaba como profesor bilingüe en un instituto _____ se especializa en la enseñanza de lenguas extranjeras.

4. Los paraguayos nos refrescamos con una bebida _____ nombre es *tereré*.

5. Un día invitaré a la clase a una profesora amiga mía a _____ le interesa la tradición oral guaraní.

6. A mi madre, _____ es uruguaya, le encanta hablar guaraní.

3 **El mate** Un estudiante paraguayo invita a sus amigos estadounidenses a una mateada y les habla del mate. Completa sus explicaciones con la opción correcta.

1. El mate es la bebida _____ (que/cual/cuyo) más nos gusta.

2. La calabaza y la bombilla son los instrumentos _____ (cuyos/con los que/quienes) preparamos el mate.

3. La yerba contiene mateína, _____ (la que/lo que/que) es una sustancia similar a la cafeína, pero que no afecta el sueño.

4. El mate es una bebida _____ (que/cuyos/cuyo) beneficios para la salud son numerosos porque contiene vitaminas y antioxidantes, y no quita el sueño.

5. El tereré, _____ (que/quien/cuyo) nombre proviene del guaraní, es una bebida _____ (quien/que/la que) refresca mucho. Esta bebida es la variante fría del mate. En Paraguay, decimos que es un amigo _____ (con que/cuyo/con quien) compartimos momentos buenos y malos.

6. Los compañeros de la oficina _____ (para la cual/cuya/con el cual) trabajo en Paraguay siempre toman tereré en los recreos (*breaks*).

4 **Don Francisco** Completa este breve texto sobre don Francisco con los pronombres relativos de la lista. Algunos pronombres se repiten.

a quien	cuya	en la que	que
con el que	de los que	la que	quien

Don Francisco, (1) _____ es paraguayo, tiene una amiga (2) _____ admira mucho y (3) _____ es una experta en la tradición oral guaraní. Don Francisco, (4) _____ familia materna era uruguaya, es un enamorado de las tradiciones de su país. Los aspectos culturales (5) _____ más ha hablado a sus amigos son el idioma y el mate. En Paraguay, se suele tomar frío y se llama *tereré*. Para Francisco, esta bebida es (6) _____ mejor simboliza la identidad cultural del paraguayo. Otra cuestión (7) _____ le interesa mucho es el guaraní, lengua (8) _____ él mismo escribe y habla.

5 **¡A emparejar!** Completa las oraciones de la lista A con las cláusulas de la lista B.

A.

1. Mi amigo el locutor, _____, está a punto de empezar un nuevo programa de radio.
2. Ese canal _____ pertenece a una cadena de televisión independiente.
3. Mis padres, _____, van a ir al Carnaval de Cádiz este año.
4. El corresponsal, _____, normalmente trabaja para la televisión o el periódico.
5. Me encanta la horchata _____.
6. Los periodistas _____ en la redacción son muy jóvenes y dinámicos.

B.

a. que hace mi madre
b. cuyo trabajo consiste en enviar noticias de actualidad desde un país extranjero
c. a quienes quiero mucho
d. con quien me llevo muy bien
e. que emite las veinticuatro horas en español
f. con los que trabajo

6 **Un poco de cultura** Completa las descripciones sobre estas personas, lugares o cosas. Utiliza cláusulas explicativas y las palabras de la lista. Añade toda la información que quieras.

actriz y cantante	capital de Uruguay	estilo musical
bebida muy popular	escritor uruguayo	una fiesta tradicional

1. Natalia Oreiro, _____que es una actriz y cantante_____, ha protagonizado la telenovela *Muñeca brava*.
2. Inca Kola, _____, tiene un sabor muy dulce.
3. Eduardo Galeano, _____, es el autor de *Bocas del tiempo*.
4. En Montevideo, _____, las personas son muy aficionadas al mate.
5. El candombe, _____, proviene de los ritmos africanos de los esclavos de la época colonial.
6. El Carnaval, _____, llena las calles de gente, música y murgas.

9.3 The neuter *lo*

1 **Las telenovelas** Lee este texto y completa las oraciones con **lo** o **lo que**.

"En una telenovela, (1) _____ difícil es entretener al público y conseguir que éste mire la telenovela todos los días. (2) _____ bueno es que ese público puede ser muy fiel. (3) _____ más me gusta del rodaje es el contacto diario con los compañeros y (4) _____ menos me gusta es tener que madrugar tanto para rodar varios episodios al día. (5) _____ más positivo de mi experiencia como actriz de telenovelas es que todo el mundo te conoce por la calle, aunque eso es también (6) _____ más negativo porque, si interpretas un personaje malvado (*evil*), todo el mundo piensa que eres un malvado en la vida real. Yo siempre quiero saber (7) _____ mi madre piensa de mi personaje."

2 **Corresponsal en Uruguay** Completa los pensamientos de Álvaro usando **lo** y las palabras de la lista.

bellos	cómodo	educada	feliz	hermosa
bien	difícil	fácil	grande	monumental

1. Me dijeron _____ que sería mi trabajo y es cierto que tengo que trabajar mucho, pero no me dijeron _____ que es adaptarse a la vida aquí. ¡Me sentí como en casa desde el principio!

2. Me asombra _____ que es la ciudad, con sus parques y su arquitectura, y _____ que es la gente aquí. Te ayudan con cualquier problema.

3. Me parece increíble _____ que circula el tráfico a pesar de _____ que es la ciudad.

4. Parece mentira _____ que son los edificios de la Avenida Dieciocho de Julio y _____ que es la Ciudad Vieja, tan llena de historia.

5. Aún no me puedo creer _____ que vivo aquí y _____ que estoy.

3 **La radio** ¿Qué le contaría sobre su profesión un(a) locutor(a) de radio a un(a) estudiante que quiere estudiar periodismo? Lee las preguntas y escribe las posibles respuestas que daría el/la locutor(a). Escribe oraciones que comiencen con **lo** o **lo que**.

1. ¿Qué es lo que más le gusta de su trabajo?
   Lo que más me gusta es poder compartir con otros mi música favorita.
   _____

2. ¿Qué es lo más difícil de su trabajo?
   _____

3. ¿Qué es lo que más le molesta de su profesión?
   _____

4. ¿Qué es lo más interesante de ser locutor(a)?
   _____

5. ¿Qué es lo más aburrido de su trabajo?
   _____

6. ¿Qué es lo que le gustaría cambiar de su trabajo?
   _____

Workbook

4 **Lo mejor y lo peor** Escribe una lista sobre lo mejor y lo peor de ser un(a) cantante de moda o una celebridad. Piensa en cinco ventajas y cinco desventajas.

Lo mejor   **Lo peor**

Lo mejor de ser cantante es... _____   _____
_____   _____
_____   _____
_____   _____
_____   _____

5 **¿Le molesta o le gusta?** Escribe oraciones contando lo que les gusta o les molesta a estas personas. Usa las palabras de la lista.

> **modelo**
>
> locutora de una radio estudiantil: gustar-molestar/contar chismes por la radio
> *Lo que le molesta a la locutora de la radio estudiantil es contar chismes por la radio.*

1. estrella de una comedia de televisión: agradar - desagradar/no salir en las revistas
   _____

2. estudiante de español: encantar - disgustar/una novela larga y aburrida
   _____

3. periodista deportivo: gustar - molestar/comentar los partidos de fútbol americano de las escuelas secundarias
   _____

4. redactor de un periódico: preocupar - no preocupar/los titulares para la portada
   _____

5. el reportero: encantar - disgustar/ser el primero en descubrir una noticia
   _____

6 **¡Me asombra lo listo que soy!** Escribe oraciones con **lo + adjetivo/adverbio + que** combinando los elementos. Haz los cambios que sean necesarios.

1. Cristina / asombrarse / la redacción del periódico está muy lejos
   Cristina se asombra de lo lejos que está la redacción del periódico.

2. El público / sorprenderse de / la telenovela es muy divertida
   _____

3. El público / burlarse de / la telenovela es muy melodramática
   _____

4. Lucía / no poder creer / es muy difícil componer una buena banda sonora
   _____

5. Ser increíble / las películas comerciales son muy malas
   _____

6. Ser sorprendente / los subtítulos se leen muy bien
   _____

MANUAL DE GRAMÁTICA

9.4 *Qué* vs. *cuál*

1 **¡A completar!** Completa las preguntas con **qué** o **cuál(es)**, según el contexto.

1. ¿ _____ es el nombre de esa emisora?

2. ¿ _____ piensas de ese periódico?

3. ¿ _____ es tu telenovela favorita?

4. ¿ _____ opinas de la fama?

5. ¿ _____ son tus canales favoritos?

6. ¿ _____ efectos especiales te impresionaron más?

7. ¿ _____ ha sido el reportaje más controvertido del año?

8. ¿ _____ es el crítico de cine más sarcástico?

2 **Preguntas** Escribe una pregunta para cada una de estas respuestas. Debes usar **¿qué?** o **¿cuál(es)?**

1. _____
   La emisora que más me gusta es Radio Nacional.

2. _____
   Mi banda sonora favorita es la de la película *Volver* del director español
   Pedro Almodóvar.

3. _____
   Opino que la libertad de prensa es imprescindible y no debe existir censura en los medios de
   comunicación.

4. _____
   Leo los diarios *El País* de España y el *Boston Globe* de los Estados Unidos todos los días.

5. _____
   Me gustan los canales Galavisión y Antena 3.

3 **¡Qué interesante!** Escribe exclamaciones con ¡Qué...! sobre estos lugares, personas o tradiciones.

> **modelo**
> Salma Hayek *¡Qué buena actriz es Salma Hayek!*

1. el mate _____

2. la ciudad de Asunción _____

3. la prensa sensacionalista _____

4. los periodistas de mi país _____

5. las comedias de televisión _____

6. los Beatles _____

Workbook

ATANDO CABOS

Lectura

1 **Antes de leer**

¿Qué es lo que más te gusta de la tecnología? ¿Qué es lo que menos te gusta?

_____
_____

Tecnología portátil

La tecnología llegó a nuestras vidas para quedarse. Ya no necesitamos ir a una biblioteca o cargar libros para tener toda la cultura del mundo en nuestras manos. Dispositivos como el iPad o el Kindle traen a nuestras vidas todo un mundo por descubrir.

El Kindle nos permite leer libros electrónicos en diferentes formatos y descargarlos desde diferentes portales. El iPad es una pequeña computadora con características únicas que nos permite ver videos, revisar el correo electrónico, navegar en Internet, entre otras.

Estas innovaciones tecnológicas han hecho más fácil la vida de muchas personas, sobre todo la de los más jóvenes, quienes son menos temerosos° a estos nuevos dispositivos. Permiten un acceso a la información más simple, se pueden usar en cualquier lugar, ya que son portátiles y ligeros. Además, son muy útiles para labores como estudiar y ¡hasta trabajar!

Aunque seguramente en poco tiempo habrá nuevos avances tecnológicos que nos sorprendan aun más, ya tenemos a nuestro alcance nuevas opciones para llevar información a todas partes y divertirnos al mismo tiempo.

temerosos _fearful_

2 **Después de leer**
A. Comprensión

1. Según la lectura, ¿por qué no necesitamos ir a la biblioteca?

_____

2. ¿Qué dos dispositivos tecnológicos se mencionan en la lectura?

_____

3. ¿Cuáles son las características del iPad?

_____

4. ¿Qué ventajas tienen estas innovaciones tecnológicas?

_____
_____

B. ¿Y tú?

1. ¿Prefieres los libros impresos o los libros digitales? ¿Por qué?

_____

2. ¿Conoces otras herramientas tecnológicas similares? ¿Cuál es tu preferida?

_____

Composición

Workbook

3

Preparación Imagina que eres inventor(a). Piensa en el dispositivo tecnológico perfecto.
Tú serás el/la creador(a).

Básate en los siguientes puntos para crear listas de las palabras clave que utilizarás en tu composición.

- Explica qué puedes hacer con este dispositivo: Trabajar, estudiar, diseñar, detectar metales... ¡Sé creativo/a!

- Escribe una lista de accesorios con los que el dispositivo cuenta (cámara web, micrófono, puertos USB, rayos X, etc.)

- Incluye información con respecto al precio, lugares donde se puede adquirir, etc.

Usos: _____

_____

Accesorios: _____

_____

Información adicional: _____

_____

4

¡Escríbelo! Ahora escribe una composición en la que expliques cómo funciona tu nuevo dispositivo.
Usa oraciones completas y la información que usaste en **PREPARACIÓN**. Lleva tu composición a
clase para compartirla con tus compañeros.

_____

_____

_____

_____

_____

_____

_____

_____

_____

_____

_____

_____

_____

_____

_____

_____

Workbook

_____

_____

_____

_____

_____

_____

_____

_____

_____

_____

_____

_____

_____

_____

_____

_____

_____

_____

_____

_____

_____

_____

_____

_____

_____

_____

_____

_____

_____

_____

_____

_____

_____

CONTEXTOS

Lección 10
La literatura y el arte

1 **Palabras escondidas**

A. Ordena las letras para formar palabras relacionadas con la literatura.

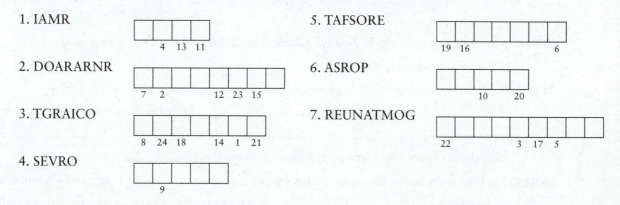

1. IAMR ⬜⬜⬜⬜
    4 13 11

2. DOARARNR ⬜⬜⬜⬜⬜⬜⬜⬜
    7 2   12 23 15

3. TGRAICO ⬜⬜⬜⬜⬜⬜⬜
    8 24 18   14 1 21

4. SEVRO ⬜⬜⬜⬜⬜
    9

5. TAFSORE ⬜⬜⬜⬜⬜⬜⬜
    19 16   6

6. ASROP ⬜⬜⬜⬜⬜
        10   20

7. REUNATMOG ⬜⬜⬜⬜⬜⬜⬜⬜⬜
    22   3 17 5

B. Completa este verso del famoso escritor y poeta Antonio Machado copiando las letras de la parte A que tienen números debajo de cada casilla.

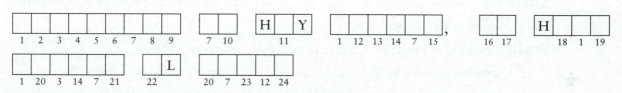

⬜⬜⬜⬜⬜⬜⬜⬜⬜   ⬜⬜ H Y ⬜   ⬜⬜⬜⬜⬜⬜⬜,   ⬜⬜ H ⬜⬜⬜
1 2 3 4 5 6 7 8 9   7 10   11   1 12 13 14 7 15   16 17   18 1 19

⬜⬜⬜⬜⬜⬜ L   ⬜⬜⬜⬜⬜⬜
1 20 3 14 7 21   22   20 7 23 12 24

2 **Definiciones** Conecta cada palabra con su definición.

_____ 1. biografía   a. autor(a) de novelas

_____ 2. novela rosa   b. obra literaria sobre la vida de una persona

_____ 3. dramaturgo/a   c. retrato que un(a) pintor(a) pinta de sí mismo/a

_____ 4. novelista   d. movimiento artístico que se basa en formas geométricas

_____ 5. autorretrato   f. persona que escribe obras de teatro

_____ 6. cubismo   g. novela romántica y por lo general dramática

3 **¿Qué significa?** Elige seis palabras y escribe una breve definición para cada una.

abstracto/a	ensayista	diseñar	llamativo/a	surrealismo
argumento	escultura	inquietante	realista	verso

1. _____

2. _____

3. _____

4. _____

5. _____

6. _____

4 **Un evento cultural** Completa la conversación con las palabras de la lista.

biografías	género literario	poesía
Contemporáneo	hojear	poeta
cuadros	obras	policíaca
escultores	pintores	prosa

ADRIÁN ¡Qué bien que este año la *Semana Cultural de la Ciudad de México* va a estar muy cerca de nuestra oficina!

MARTA Sí, es la próxima semana; estoy emocionadísima. Tengo que entrevistar a varios (1) _____ y (2) _____ famosos y necesito antes ir al museo a estudiar sus (3) _____ de arte. Algunos de sus (4) _____ y esculturas están expuestos en el Museo de Arte (5) _____.

ADRIÁN También sería buena idea que leyeras sus (6) _____. Yo también tengo que entrevistar a un (7) _____ y no sé que hacer porque la entrevista es mañana y no he tenido tiempo de leer sus poemas.

MARTA Por lo menos deberías (8) _____ algunos de sus libros para saber de qué se tratan, ¿no?

ADRIÁN La verdad es que la (9) _____ no es mi (10) _____ favorito, prefiero la (11) _____. Por ejemplo, ¡una buena novela (12) _____ con el misterio de un asesinato que hay que resolver!

MARTA Suerte, Adrián. Necesito conseguir un programa, no quiero perderme ningún acto cultural.

5 **Programa cultural** Imagina que eres el/la organizador(a) de la Semana Cultural de tu universidad. Escribe un artículo sobre el evento incluyendo al menos diez palabras de la lista.

abstracto	de buen gusto	movimiento	pintor
al estilo de	didáctico	novela rosa	protagonista
artesano	dramaturgo	novelista	surrealismo
autobiografía	literatura infantil	obra de arte	tratarse de

_____

_____

_____

_____

_____

_____

_____

ESTRUCTURA

10.1 The future perfect

1 **¿Qué habrán hecho?** Completa lo que Antonio piensa sobre el viaje de Elena y Ana a Perú, usando el futuro perfecto.

Estoy seguro de que ellas lo (1) _____ (pasar) muy bien. Creo que (2)

_____ (quedarse) en el club deportivo que les

recomendaron. Allí, organizan actividades culturales y seguro que

ellas también (3) _____ (entretenerse) visitando

museos y yendo al teatro. ¡Qué envidia! ¡Y yo aquí trabajando

las veinticuatro horas del día!

¿(4) _____ (ver) Elena a sus parientes? No sé

si ella (5) _____ (tener) tiempo para visitarlos.

Al final, ellas (6) _____ (decidir) quedarse en la

costa. Ellas (7) _____ (ir) a espectáculos todas

las noches y (8) _____ (relajarse) leyendo en

la playa.

Catedral de Lima, Perú

2 **Obra de teatro** Los estudiantes de teatro están preparando una obra. Completa la conversación con el futuro perfecto de los verbos de la lista.

aprender	ensayar	salir
decir	guardar	terminar

CARMEN La semana que viene se estrena la obra de teatro. ¡Estoy muy nerviosa porque no sé si para ese día (1) _____ de estudiar mi papel!

PROFESOR Y ustedes, ¿(2) _____ bien sus papeles para entonces?

CRISTINA Sí, profesor, por supuesto, los tendremos totalmente aprendidos. ¿Por casualidad, (3) _____ usted los boletos para nuestras familias?

PROFESOR Uy, se me olvidó. No guardé nada, pero no se preocupen que todo está arreglado.

NICOLÁS Marcela ya avisó que no podrá presentar la obra.

CARMEN ¿Y qué le (4) _____ los demás? ¿Se enojaron con ella?

NICOLÁS No hay problema; ahora el presentador de la obra es Gustavo.

CARMEN ¿(5) _____ bien lo que va a decir?

NICOLÁS ¡Más le vale! Y dentro de una semana nosotros ya (6) _____ a festejar el éxito de la obra de teatro.

3 **Suposiciones** Escribe las suposiciones que hace Cristian sobre sus amigas usando el futuro perfecto.

1. Elena y Ana no han llegado todavía.
   Elena y Ana no habrán llegado todavía.

2. Ellas aterrizaron muy pronto y tomaron un taxi.
   _____

3. Se olvidaron de que yo iba a recogerlas al aeropuerto.
   _____

4. Me equivoqué de aeropuerto.
   _____

5. Ana cambió el boleto para quedarse en Chile más tiempo.
   _____

6. Tuvieron un accidente de camino al aeropuerto.
   _____

7. ¡Ana visitó una galería de arte y se enamoró de un pintor chileno!
   _____

8. ¡Elena decidió quedarse en Chile para terminar allí su novela!
   _____

4 **En veinte años...** Imagina que en los próximos veinte años te conviertes en un(a) escritor(a) famoso/a. Utiliza las palabras de la lista para expresar lo que habrá sucedido en tu vida dentro de veinte años. Usa el futuro perfecto.

autobiografía	de mal gusto	escribir	novelista
casarse	de terror	escultor	obra de arte
ciencia ficción	diseñar	movimiento	pintor
cubismo	ensayista	novela rosa	tener

_____
_____
_____
_____
_____
_____
_____
_____
_____

10.2 The conditional perfect

1 **Exposición de arte** Completa los comentarios de Raúl y de Julia con el condicional perfecto.

1. La exposición _____ (tener) más éxito si hubiera estado en el centro de la ciudad.

2. Nos _____ (gustar) hablar con los artistas.

3. Nosotros _____ (hacer) una entrevista a los pintores si hubiéramos tenido la oportunidad.

4. Los escultores _____ (vender) más esculturas en otra galería.

5. Una colección de arte contemporáneo _____ (ser) más inquietante.

6. Incluir murales en la exposición _____ (atraer) a más público.

2 **Más críticas** Raúl y Julia le comentan a su amigo José que la exposición de arte fue un fracaso y le piden su opinión. Lee los comentarios y escribe lo que José habría hecho en cada caso.

1. No había muchas pinturas al óleo.
   (exponer) *Yo habría expuesto más pinturas al óleo.*

2. Había demasiado arte impresionista.
   (incluir) _____

3. Las pinturas no eran muy llamativas.
   (seleccionar) _____

4. Los artistas no eran populares.
   (invitar) _____

5. No hicieron mucha publicidad de la exposición.
   (anunciar) _____

6. Todas las obras eran de colores luminosos.
   (elegir) _____

3 **Tu opinión** ¿Qué habrías hecho tú para que esta exposición hubiera tenido más éxito? Revisa las dos actividades anteriores y escribe seis oraciones con tus ideas usando el condicional perfecto.

> **modelo**
> *Yo habría incluido música en vivo.*

_____

_____

_____

_____

_____

_____

Workbook

4   **Ponerse en el lugar** Contesta las preguntas haciendo especulaciones sobre cada una de estas situaciones. Usa el futuro perfecto o el condicional perfecto en tus respuestas.

1. ¿Qué le habrá pasado a este escritor?
_____
_____
_____

2. ¿Quién le habría dado tanto dinero?
_____
_____
_____

3. ¿Qué habrá sentido el pintor?
_____
_____

4. ¿Qué habría pensado el otro hombre?
_____
_____
_____

5. ¿Qué le habrá dolido a la bailarina?
_____
_____

6. ¿Qué habrían hecho sus compañeras?
_____
_____

7. ¿Qué habrían hecho las bailarinas con su compañera lastimada?
_____
_____
_____

5   **¿Y tú?** Imagina que estás en la situación de cada uno de los personajes de la **actividad 4.** ¿Qué habrías hecho en cada caso? Escribe dos oraciones para cada situación usando el condicional perfecto y al menos cuatro palabras de la lista.

clásico	directora	literatura juvenil	reflejar
de mal gusto	entrevista	pincel	telón (*curtain*)
dibujar	escenario	protagonista	trágico

_____
_____
_____
_____
_____
_____
_____
_____
_____
_____
_____

10.3 The past perfect subjunctive

1 **Reproches** Completa los comentarios usando el pluscuamperfecto del subjuntivo.

1. Me decepcionó (*disappointed*) mucho que la obra no _____ (tener) más éxito.

2. Es posible que la obra _____ (estar) mejor con Ramón como protagonista.

3. No podía creer que los estudiantes no _____ (memorizar) sus papeles.

4. Me molestó mucho que ustedes no _____ (preparar) mejor a sus estudiantes.

5. Esperaba que _____ (venir) más público a ver la obra.

6. Los estudiantes habrían trabajado más si nosotros _____ (insistir) en que debían hacerlo.

7. Si nosotros _____ (ensayar) más, la obra no habría sido un fracaso total.

8. Me molestó que los estudiantes no _____ (demostrar) su talento.

2 **Comentarios de un profesor envidioso** Lee los comentarios y elige la forma verbal correcta para cada caso.

1. No creo que los estudiantes (hayan pintado / hubieran pintado) _____ todos esos cuadros.

2. Me sorprendió que los textos del taller de literatura (hayan tenido / hubieran tenido) _____ errores gramaticales.

3. Era poco probable que los cuadros (hayan sido / hubieran sido) _____ menos inquietantes. El profesor del taller de pintura es muy exagerado.

4. Tenía miedo de que los estudiantes se (hayan olvidado / hubieran olvidado) _____ el guión de sus papeles.

5. No estoy seguro de que el profesor de literatura (haya presentado / hubiera presentado) _____ todo lo que sus estudiantes escribieron.

6. Temo que el director (haya decidido / hubiera decidido) _____ despedir al profesor del taller de pintura.

3 **Cuestión de gusto** Un profesor de la escuela de arte no está satisfecho con la escultura de un estudiante. El estudiante no está de acuerdo con la opinión del profesor. Escribe una conversación entre el profesor y el estudiante. Usa las frases de la lista y combínalas con el pluscuamperfecto del subjuntivo.

> me sorprendió que   habría preferido que
>
> nunca pensé que   mis compañeros y yo esperábamos que

modelo

> Profesor: Quería hablar contigo porque me sorprendió que hubieras hecho una escultura tan poco creativa...

_____

_____

_____

_____

4 **Un escritor famoso** Un amigo te contó que estuvo hablando con una escritora muy famosa. Escribe las oraciones de su historia usando el pluscuamperfecto del subjuntivo.

> **modelo**
> le molestó que / yo / no entrevistarla / antes
> *Le molestó que yo no la hubiera entrevistado antes.*

1. me sorprendió que / ella / venir tarde
   _____

2. me ofendió que / ella / empezar a / hacer las preguntas
   _____

3. le enojó que / yo / no contestar / a ninguna de sus preguntas
   _____

4. lamenté que / la emisora de radio / pagar / tanto dinero por entrevista
   _____

5. le molestó que / yo / preguntarle / acerca de su nueva novela
   _____

6. me alegró que / la entrevista / acabar / por fin
   _____

5 **Primeras impresiones** ¿Te acuerdas de la primera vez que visitaste un museo de arte? ¿Cómo reaccionaste al ver las obras? Completa estas oraciones usando el pluscuamperfecto del subjuntivo para describir lo que estabas pensando en aquel momento. Usa al menos seis palabras de la lista.

acuarela	cuadro	naturaleza muerta
autorretrato	exposición	murales
contemporáneo	luminoso	surrealismo

> **modelo**
> Me gustó que *mi profesora de arte hubiera organizado una excursión al museo.*

1. Dudé que _____

2. Era improbable que _____

3. Me alegré de que _____

4. Me sorprendió que _____

5. Nunca había pensado que _____

6. Me gustó mucho que _____

Workbook

MANUAL DE GRAMÁTICA

10.4 *Si* clauses with compound tenses

1 **Galería de arte** La exposición de la nueva galería de arte ha sido un fracaso y el dueño y los artistas analizan sus errores. Une estas oraciones para saber qué se debe cambiar en la galería. Lee con atención para elegir la mejor opción en cada caso.

_____ 1. Los retratos se habrían visto mejor

_____ 2. Más personas habrían visitado la galería

_____ 3. La exhibición habría impresionado más al público

_____ 4. Si no hubieran costado tanto las obras,

_____ 5. Si la sala hubiera estado menos desordenada,

_____ 6. Si la galería se hubiera abierto durante las vacaciones,

a. los turistas habrían visitado la exposición.

b. las pinturas se habrían destacado más.

c. si se hubieran iluminado con luz blanca.

d. si hubiera habido obras de artistas famosos.

e. si se hubiera hecho más publicidad.

f. se habría vendido al menos una.

2 **Soñando despierta...** Completa la conversación de Matilde y Andrea con el pluscuamperfecto del subjuntivo o el condicional perfecto.

MATILDE Si Ana no (1) _____ (casarse) tan joven, (2) _____ (comenzar) a actuar mucho antes.

ANDREA Te equivocas. Ella (3) _____ (comenzar) a actuar antes si sus padres (4) _____ (descubrir) que podía ser buena actriz de teatro.

MATILDE Si sus profesores lo (5) _____ (querer), ella (6) _____ (ser) una estrella a los quince años.

ANDREA Ana nunca (7) _____ (tener) éxito si ellos le (8) _____ (permitir) empezar tan joven. Actuar en el teatro requiere mucha experiencia y madurez.

MATILDE Si tú (9) _____ (estar) en su lugar, tú nunca (10) _____ (conseguir) tanto éxito.

ANDREA ¡Pues claro! Si yo (11) _____ (estudiar) teatro, yo (12) _____ (morirse) de hambre. Soy una actriz pésima, pero sí que soy buena bailarina.

MATILDE Ah, la vida es tan injusta a veces. Si yo (13) _____ (poder) ir a aquella audición donde la descubrieron, yo (14) _____ (vivir) como una reina el resto de mi vida...

3 **Una vida diferente** Completa estas oraciones para describir cómo habría sido tu vida si hubieras hecho ciertas cosas.

1. Habría estudiado teatro si _____

2. Mi vida habría sido diferente si _____

3. Habría sido pintor(a) o escritor(a) si _____

4. Habría sido más feliz si _____

ATANDO CABOS

Lectura

1   **Antes de leer** ¿Cuál es tu pintor(a) preferido/a? ¿Por qué? _____

_____

La realidad de Frida Kahlo, tan dramática como intensa

Se han escrito muchos libros sobre ella, se le han dedicado grandes producciones cinematográficas y la han representado megaestrellas, como Salma Hayek. Esto se debe a que la vida de Frida Kahlo fue casi tan dramática como intensa.

Frida nació en 1907, tres años antes de que empezara la Revolución Mexicana. Pasó su infancia entre un barrio residencial de la Ciudad de México, donde vivía con su familia, y las calles del centro de la capital, donde se encontraba el estudio fotográfico de su padre. A los 19 años de edad tuvo un terrible accidente de tranvía. El accidente le produjo graves heridas internas que le causaron dolores durante toda su vida y por culpa de las cuales no pudo tener hijos. En el mismo año comenzó a pintar mientras se recuperaba en la cama. Su amor por el arte y la pintura la llevaron a conocer en 1928 al gran muralista Diego Rivera, con quien se casó dos años después. Diego Rivera era 21 años mayor que Frida; ella tenía 22 años y él 43. A principios de la década de 1930, vivieron unos años entre San Francisco, Detroit y Nueva York, donde conocieron a personajes importantes como Nelson Rockefeller. En 1934 regresaron a México y se hicieron miembros del Partido Comunista, luchando por los derechos de los indígenas y campesinos de su país. En 1937 Frida ayudó a León Trotsky y a su esposa en su lucha revolucionaria. Los últimos días de su vida fueron muy trágicos. Diego y ella se divorciaron, y ella se enfermó tanto que tuvo que pasar nueve meses en un hospital. Murió en 1954, a los 47 años de edad.

2   **Después de leer**

A. Cierto o falso Indica si las afirmaciones son **ciertas** o **falsas**.

Cierto	Falso	
❑	❑	1. Frida Kahlo nació durante la Revolución Mexicana.
❑	❑	2. En 1926 Frida tuvo un terrible accidente.
❑	❑	3. Frida comenzó a pintar cuando conoció a Diego.
❑	❑	4. Diego y Frida se casaron en 1930.
❑	❑	5. Después de vivir en los Estados Unidos, regresaron a México en 1934.

B. Preguntas Contesta las preguntas.

1. ¿Cuál es el acontecimiento que más te impresionó de la vida de Frida Kahlo?

2. ¿Por qué piensas que Frida Kahlo es tan famosa?

3. ¿Te recuerda Frida Kahlo a otro/a pintor(a) o artista? ¿A quién? ¿Por qué?

4. ¿Conoces los autorretratos o alguna otra obra de Frida Kahlo? ¿Te gustan? ¿Por qué?

Composición

3 **Preparación** Vas a prepararte para escribir una crítica de una obra de arte o de literatura.

Piensa en algunas obras de arte que hayas visto o en algunas obras literarias (poemas, novelas, cuentos, etc.) que hayas leído en el libro de texto. Elige una obra de arte y una obra literaria, y completa la información del cuadro.

Workbook

Obra de arte	Obra literaria
Título: _____	Título: _____
Artista: _____	Autor(a): _____
Lo que me gusta: _____	Lo que me gusta: _____

4 **¡Escríbelo!** Elige la obra de arte o la obra literaria y escribe una crítica que incluya esta información.

- Descripción de la obra.
- Crítica de la obra dando ejemplos específicos. Incluye las expresiones que aprendiste en el episodio de la **Fotonovela** en esta lección. Considera los aspectos que más te gustaron y los que menos te interesaron.
- Al menos dos cláusulas condicionales (**si**) con tiempos compuestos.

_____
_____
_____
_____
_____
_____
_____
_____
_____
_____
_____
_____
_____
_____
_____
_____

Workbook

CONTEXTOS

Lección 11
La política y la religión

1 Definiciones Empareja cada palabra con su definición.

_____ 1. persona que no cree en Dios   a. mezquita

_____ 2. persona que se presenta a una elección   b. guerra

_____ 3. grupo de gente que protesta   c. candidato

_____ 4. conflicto político entre dos bandos   d. embajador

_____ 5. persona que representa a su país fuera de él   e. ateo

_____ 6. lugar sagrado de la religión musulmana   f. manifestación

_____ 7. dar la bendición   g. bendecir

_____ 8. persona que tiene fe   h. creyente

2 Analogías Completa la analogía con la palabra adecuada.

1. ganar : perder :: conservador : _____

2. gobernador : gobernar :: emigrante : _____

3. justo : injusto :: igual : _____

4. moral : inmoral :: mayoría : _____

3 Lemas de la campaña Usa estas palabras para completar eslóganes políticos para una campaña electoral.

campaña	injusto	minorías
ciudadanos	jueza	partidos políticos
conservadora	justa	polémica
derechos humanos	libertad	proyecto de ley

1. La única forma _____ de gobierno es la democracia.

2. Los _____ deben defender al pueblo.

3. ¡Decimos basta a los abusos a los _____! Todo ser humano merece respeto.

4. Nuestro partido cree en la igualdad de todos los _____, las mayorías

   y las _____.

5. Debemos defender la _____ de prensa. Luchemos en contra de la censura.

6. Estamos cansados de la _____. ¡Menos discusión y protesta y más acción!

7. Un país en el que no se respetan los derechos humanos es un país _____.

8. Queremos un Congreso que tome decisiones. ¡Aprueben ya el _____!

4 **Elecciones** En Potosí, Bolivia, se van a realizar las elecciones para la alcaldía de la ciudad. Completa esta rueda de prensa (*press conference*) con las respuestas del candidato Daniel Ordóñez y las palabras de la lista.

campaña	fe	mayoría
comunidades	gana las elecciones	partido político
creer	ideología	protestan
derechos humanos	igualdad	proyecto de ley
discurso	manifestación	votar

PERIODISTA 1 ¿Cuáles son los puntos más importantes de su (1) _____ política?

ORDÓÑEZ Los miembros de mi (2) _____ y yo luchamos por la
(3) _____ económica de las (4) _____
indígenas de este país y por el respeto a los (5) _____.

PERIODISTA 2 ¿Qué opina de la (6) _____ en la calle de La Paz en contra de la
aprobación del nuevo (7) _____ sobre el medio ambiente?

ORDÓÑEZ La verdad es que no me preocupa. Solamente (8) _____
contra las medidas propuestas las personas con una (9) _____
conservadora, pero la (10) _____ de la población está de acuerdo.

PERIODISTA 3 ¿Qué pasará si usted no (11) _____?

ORDÓÑEZ Tengo (12) _____ en mi programa político y en los ciudadanos
de Potosí. Y si hay alguien que no crea en mí, va a tener que (13) _____
después de escuchar el (14) _____ que pronunciaré mañana. Ya nadie
tendrá más dudas sobre por quién (15) _____.

5 **Un discurso político** Imagina que el candidato a alcalde te pide que le prepares un discurso para un acto de campaña electoral. Básate en las notas del candidato para escribir el discurso y utiliza al menos ocho palabras de la lista para expandir las ideas.

Notas:
* *la emigración del campo a las ciudades*
* *la lucha contra la corrupción*
* *los derechos de las comunidades indígenas*

aprobar	creer	ganar las elecciones	justo
campaña	derechos humanos	igualdad	polémica
ciudadanos	discurso	inscribirse	votar

_____

_____

_____

_____

_____

_____

Nombre _____ Fecha _____

ESTRUCTURA

11.1 The passive voice

1 Noticias Empareja las dos columnas para formar titulares de noticias periodísticas.

_____ 1. Los derechos de la mujer argentina

_____ 2. Fue aprobada

_____ 3. Ayer fue cancelada

_____ 4. La política de la líder Ana Gutiérrez

_____ 5. Serán investigados por corrupción

_____ 6. Serán aceptadas

a. fue criticada por los países europeos.

b. fueron reivindicados ayer en un acto en conmemoración de la muerte de Eva Perón.

c. la ley que prohíbe el uso de teléfonos celulares en los carros.

d. la manifestación en protesta por los nuevos impuestos para los agricultores.

e. las renuncias de los Ministros de Educación y de Justicia.

f. los jueces de la Corte Suprema.

2 Candidatos Lee la información sobre estos candidatos y completa las oraciones en voz pasiva con el participio de los verbos entre paréntesis.

Emilio Sánchez fue senador del Partido de la Justicia. Comenzó su vida política a los 21 años, cuando fue (1) _____ (elegir) presidente del centro de estudiantes de su universidad. Luego participó en el Partido de la Justicia por 23 años. Fue diputado y senador. Era (2) _____ (querer) por la mayoría de su partido, pero él no estaba seguro de continuar con esa asociación política. Muchos actos de corrupción fueron (3) _____ (realizar) por algunos miembros del partido. Por eso, decidió formar un nuevo partido político: Partido Alianza. Él cree que la justicia y la libertad deben ser siempre (4) _____ (defender).

María Bustamante tiene 35 años y por eso muchos creen que no puede ser candidata a presidenta. La juventud es (5) _____ (considerar) un factor en su contra. Además, hay gente que piensa que las mujeres son (6) _____ (influenciar) fácilmente. Pero eso no es cierto. Aunque es joven, María ha luchado por los derechos de las minorías y fue (7) _____ (premiar) por muchas organizaciones internacionales. Los integrantes del Partido Alianza creen que María puede ser una excelente candidata.

Marcelo Roig es médico. A los 25 años fue (8) _____ (arrestar) por haber participado en un grupo que luchaba contra la violación de los derechos humanos. Piensa que la democracia nunca ha sido (9) _____ (respetar) en su país. Cuando fue (10) _____ (poner) en libertad, Marcelo se transformó en un líder de un grupo de obreros. Luego, se quiso dedicar a la política, pero no fue (11) _____ (aceptar) por ningún partido, porque había estado preso. Su trabajo como activista es (12) _____ (reconocer) a nivel internacional.

Lección 11 Workbook **123**

Workbook

3 **La campaña** Los integrantes de un partido político deben dar a conocer sus propuestas de gobierno. Transforma estas oraciones de voz activa a voz pasiva. Sigue el modelo.

> **modelo**
> Todos los ciudadanos elegirán a los diputados.
> *Los diputados serán elegidos por todos los ciudadanos.*

1. Nosotros presentaremos la ley anticorrupción.

_____

2. El Ministerio de Justicia presentará a todos los jueces.

_____

3. No se discriminará a ninguna persona por su sexo, color, nacionalidad o creencias religiosas.

_____

4. Van a respetarse todas las religiones.

_____

5. Pondremos en libertad a todos los presos políticos.

_____

4 **Un estudiante en problemas** Imagina que no has hecho tu tarea para la clase de ciencias políticas. Haz una lista de seis excusas para darle a tu profesor(a) usando la voz pasiva.

> **modelo**
> *Mi computadora fue destruida por una tormenta.*

1. _____
2. _____
3. _____
4. _____
5. _____
6. _____

5 **Datos biográficos** Piensa en un(a) político/a o líder destacado/a de tu comunidad o de tu país y escribe datos relacionados con el pasado, el presente y el futuro de esta persona. Usa la voz pasiva.

> **modelo**
> *Cuando pronunció el discurso, sus palabras fueron bien recibidas.*
> *Su autobiografía será convertida en una miniserie para televisión.*

_____

_____

_____

_____

11.2 Uses of *se*

1 **¿Qué pasó?** Completa estas oraciones con la opción correcta.

1. A la diputada se le perdieron _____.
   a. unos documentos b. su pasaporte c. la cartera

2. Al alcalde se le olvidó _____.
   a. los nuevos proyectos de ley b. el discurso c. los votos

3. A los candidatos se les acabó _____.
   a. los argumentos políticos b. los folletos informativos c. la paciencia

4. Al gobernador se le perdió _____.
   a. las listas de los votantes b. las gafas c. la lista de invitados a la reunión de asesores

2 **Democracia** Completa la lista de derechos que existen en una democracia. Usa la forma correcta de los verbos entre paréntesis.

En una verdadera democracia...

1) se _____ (tener) el derecho a votar. Todas las personas mayores de cierta edad pueden hacerlo.
2) se _____ (votar) en secreto.
3) se _____ (respetar) los derechos humanos universales.
4) se _____ (permitir) la libertad de prensa.
5) todos los ciudadanos se _____ (poder) presentar como candidatos si lo desean.

3 **Dicho de otra manera** Transforma estas oraciones de voz pasiva a oraciones con **se**.

1. La alcaldesa fue echada de su cargo.
   _____

2. Los jueces son investigados.
   _____

3. La propuesta de ley fue aprobada.
   _____

4. La manifestación fue cancelada.
   _____

5. Los votos fueron contados.
   _____

6. Los derechos humanos son respetados.
   _____

4 **Anuncios** Escribe los anuncios con la información dada. Usa la pasiva con **se** y el **se** impersonal y haz los cambios que sean necesarios.

> **modelo**
> Organizar una rifa / comprar computadoras / laboratorio
> *Se organiza una rifa para comprar computadoras para el laboratorio.*

1. prohibir / no participar / los torneos deportivos de la escuela
   _____

2. pedir participación / elecciones para presidente estudiantil / próximo 30 de noviembre
   _____

3. proponer / una iniciativa / reciclar basura en el barrio de la escuela
   _____

4. poder / asistir / reuniones del centro estudiantil / todos los viernes
   _____

5. buscar / voluntarios / acto de fin de curso
   _____

6. informar /estudiantes / nuevo programa musical / radio estudiantil
   _____

7. necesitar / tutores / enseñar español a estudiantes con dificultades
   _____

8. vender / libros usados / buen estado para el próximo año
   _____

5 **Problemas de convivencia** Imagina que vives en una casa con estudiantes de cinco culturas distintas y hay muchos problemas de convivencia. Prepara una lista de ocho instrucciones que darías a tus compañeros para que todos puedan llevarse mejor. Usa la voz pasiva, la pasiva con **se** y el **se** impersonal. ¡Sé creativo/a!

> **modelo**
> (pasiva) *El cuarto de baño será limpiado cada día por un estudiante diferente.*
> (pasiva con *se*) *Se necesitan más productos de limpieza.*
> (*se* impersonal) *Se prohíbe hacer fiestas después de las diez de la noche.*

1. _____
2. _____
3. _____
4. _____
5. _____
6. _____
7. _____
8. _____

11.3 Prepositions: *de, desde, en, entre, hasta, sin*

1 **Asuntos políticos** Elige la preposición adecuada para completar estas oraciones sobre temas políticos.

1. _____ (a. Sin / b. Hasta / c. En) una buena campaña política, no ganaremos las elecciones.

2. Hubo un escándalo de corrupción _____ (a. hasta / b. en / c. entre) el gobierno anterior.

3. Tenemos una reunión en la oficina _____ (a. de / b. en / c. entre) la embajadora.

4. El dinero fue repartido _____ (a. de / b. en / c. entre) todos los candidatos.

5. El asunto fue tratado _____ (a. desde / b. en / c. entre) los principales partidos políticos.

6. El proyecto de ley sobre la inmigración se viene discutiendo _____ (a. desde / b. de / c. entre) el año pasado.

2 **Asuntos religiosos** Completa estas oraciones sobre temas religiosos con las preposiciones **de, desde, en, entre, hasta** y **sin**.

1. La construcción del templo llevó casi tres años, _____ el año 2004 _____ el año 2006.

2. ¿Cuál es la diferencia _____ un ateo y un agnóstico?

3. Los ateos no creen _____ Dios.

4. El funeral del alcalde se celebró _____ la iglesia de San Pablo.

5. Hay una diferencia enorme _____ meditar y rezar.

6. ¿Crees que es verdad que no se puede vivir _____ fe?

3 **Artículo** Completa este artículo periodístico con las preposiciones **de, desde, en, entre** y **hasta**.

Bolivia: movilizaciones por la tierra

Las comunidades indígenas bolivianas marchan para que se apruebe la ley para la expropiación (1) _____ latifundios° propuesta por el presidente Evo Morales. (2) _____ cambio, los productores agropecuarios° protestan (3) _____ contra (4) _____ esta medida.

Representantes de estas comunidades irán (5) _____ La Paz (6) _____ tres marchas que provienen (7) _____ diferentes partes del país.

Por su parte, los agropecuarios° se declararon (8) _____ el martes pasado en movilización permanente. Su primera acción consistirá (9) _____ organizar otra marcha la próxima semana que llegará (10) _____ Santa Cruz, la capital económica del país.

"Necesitamos una ley de modificación para recuperar las tierras que están en manos (11) _____ los terratenientes° y distribuirla equitativamente (12) _____ campesinos y comunidades indígenas", dijo Carlos Sánchez, el dirigente (13) _____ las comunidades aymaras (14) _____ un discurso a los campesinos del altiplano boliviano.

latifundios *large estates* **agropecuarios** *agricultural and livestock* **terratenientes** *landlords*

Lección 11 Workbook

4 **Oraciones incompletas** Elige la preposición correcta y completa las oraciones con tus propias ideas.

1. _____ (Sin / En) duda, los ciudadanos quieren un candidato _____
_____.

2. _____ (Hasta / Sin) este momento, no hay líderes religiosos _____
_____.

3. _____ (Desde / Hasta) joven, mi ideología política es _____
_____.

4. Los partidos _____ (de / en) ideología _____
_____.

5. _____ (En / Hasta) mi país, las religiones _____
_____.

6. _____ (Desde / Entre) el comienzo de la campaña hasta las elecciones, _____
_____.

5 **La religión y la política** En muchos países, la política y la religión van de la mano, mientras que otras naciones se caracterizan por la separación entre la iglesia y el estado. Elige una de estas preguntas y escribe un párrafo con tu opinión. Incluye seis oraciones con las preposiciones: **de, desde, en, entre, hasta** y **sin**.
- ¿Estás de acuerdo con que un líder religioso se presente como candidato político?
- ¿Qué piensas sobre la separación de la iglesia y el estado?
- ¿Se debería enseñar religión en las escuelas públicas?

_____
_____
_____
_____
_____
_____
_____
_____
_____
_____
_____

MANUAL DE GRAMÁTICA

11.4 Past participles used as adjectives

1   **Entrevista a dos candidatos** Completa las preguntas que Julieta prepara para la entrevista con Marina con la forma adecuada del participio de los verbos entre paréntesis.

1. ¿Por qué crees que estás _____ (preparar) para ser presidenta?
2. ¿Estás _____ (informar) sobre las necesidades de la escuela y de los estudiantes?
3. ¿Están _____ (preocupar) los estudiantes por el futuro de la escuela?
4. ¿Están bien _____ (organizar) las otras campañas?
5. ¿Por qué estás _____ (enojar) con el presidente actual del Centro de estudiantes?
6. ¿Diego estaba _____ (sorprender) por tu candidatura?

2   **Los candidatos** Completa las oraciones con **estar + participio pasado** de uno de los verbos de la lista. Hay un verbo que no debes usar.

callar	despeinar	marear
cansar	lastimar	relajar

1. Marina no ha tenido tiempo de hacer nada últimamente. Esta mañana hasta se le olvidó mirarse en el espejo antes de salir de la casa. Por eso Marina _____.
2. Juan y Diego no durmieron anoche. Han pasado las últimas tres semanas trabajando duro para ganar las elecciones. Hoy ellos _____.
3. Martín está muy nervioso y la cabeza le está dando vueltas. Evidentemente, Martín _____.
4. Antonio no sabe ni qué decir. No tiene ganas de hablar con nadie. Antonio _____.
5. Carina durmió muy bien anoche. Se siente muy bien y tiene mucha confianza en sí misma. Carina _____ y por eso sonríe.

3   **Los resultados** Escribe las preguntas de Julieta usando **estar + participio pasado.** Hay un verbo que no debes usar.

1.	**MARINA**	¡Qué feliz estoy! ¡No lo puedo creer!
	JULIETA	¿Por qué _____?
2.	**JUAN**	¡No quiero hablar con nadie! ¡Esto es una injusticia!
	JULIETA	¿Por qué _____?
3.	**MARTÍN**	¡Qué tristeza siento! Creo que voy a llorar.
	JULIETA	¿Por qué _____?
4.	**ANTONIO**	De verdad no importa si perdí. No quería la responsabilidad de ser presidente.
	JULIETA	¿Por qué _____?
5.	**CARINA**	Lo siento, no podemos ver los resultados.
	JULIETA	¿Por qué no _____ los resultados?

aliviar
deprimir
disgustar
imprimir
lastimar
sorprender

Workbook

ATANDO CABOS

Lectura

1 **Antes de leer**

1. ¿Te interesa la política? ¿Por qué? _____
_____

2. ¿Es importante participar en las actividades políticas de tu país y/o comunidad? ¿Por qué?
_____
_____

Costa Rica, modelo económico y político

Costa Rica, conocida por la belleza de sus selvas y playas, tiene una historia política singular dentro de Centroamérica, pues es uno de los pocos países de la región que, desde el siglo XIX, goza de paz y de estabilidad económica.

A esta pequeña república se le ha denominado "La Suiza de Latinoamérica" por tener la democracia más antigua de Centroamérica. Su constitución data de 1871, y sólo se han hecho reformas en contadas ocasiones. En el siglo XX, sus gobiernos, casi siempre de carácter moderado y ayudados por las épocas de bonanza económica, llevaron al país a disfrutar de una gran prosperidad.

Las condiciones de vida en Costa Rica son muy buenas, gracias a que el gobierno dedica gran parte de su presupuesto a gastos sociales. Cada año el 20% del presupuesto nacional es destinado a la educación y a la salud. Este sistema de salud, que funciona desde 1942, cubre a todos los habitantes.

En la actualidad, Costa Rica exporta desde café, bananas y cacao, hasta sofisticados programas de software. La infraestructura es buena y las escuelas y las universidades tienen un alto nivel.

El país es, también, la sede de varias organizaciones internacionales, como el Consejo de la Tierra, la Universidad para la Paz y el Tribunal Iberoamericano de los Derechos Humanos. En 1987, se le entregó el Premio Nobel de la Paz al entonces presidente, Óscar Arias.

¿Qué más se puede decir de este pequeño país centroamericano? Hay otro dato que te va a sorprender: Costa Rica es uno de los pocos países del mundo que no tiene ejército. Lo disolvió en 1948.

2 **Después de leer** Indica si estas afirmaciones son **ciertas** o **falsas**.

Cierto	Falso	
❏	❏	1. Costa Rica es un país económicamente estable desde el siglo XIX.
❏	❏	2. Costa Rica tiene la democracia más antigua de Centroamérica.
❏	❏	3. La constitución costarricense se creó antes de 1870.
❏	❏	4. Un 20% del presupuesto nacional es destinado anualmente a la educación y a la salud pública.
❏	❏	5. Costa Rica no exporta productos tecnológicos.
❏	❏	6. El actual presidente, Óscar Arias, recibió el Premio Nobel de la Paz.
❏	❏	7. El Consejo de la Tierra tiene su sede en Costa Rica.
❏	❏	8. Costa Rica no tiene ejército.

Composición

3   **Preparación**   Imagina que eres un(a) candidato/a a presidente/a de la asociación estudiantil de tu escuela o universidad en las próximas elecciones.

Describe cómo sería tu programa político como candidato/a a presidente/a y explica qué estrategias utilizarías para hacer tu campaña política y ganar los votos de los estudiantes.

Programa político	Estrategias

4   **¡Escríbelo!**   Prepara tu agenda política como candidato/a a presidente/a de tu escuela o universidad y tu plan para presentar tu programa a los estudiantes.

- Explica qué aspectos de tu personalidad hacen que tú seas un(a) buen(a) candidato/a.
- Describe tu plan para presentar tu programa a los estudiantes (discursos, debates, visitas a las clases, blogs, páginas web, etc).
- Describe las mejoras que realizarás en los diferentes aspectos de la institución (programa educativo, salud, cafetería, biblioteca, medio ambiente, etc.).
- Termina tu composición con un eslogan político para tu campaña.

_____

_____

_____

_____

_____

_____

_____

_____

_____

_____

_____

Workbook

CONTEXTOS

Lección 12
La historia y la civilización

1   **Una de más** Indica la palabra que no pertenece al grupo.

1. monarca	dictador	presidente	colonia
2. liberar	invadir	oprimir	conquistar
3. siglo	reino	década	época
4. sabiduría	soberanía	aprendizaje	conocimiento
5. poblar	habitar	injusto	establecerse
6. ejército	fuerzas armadas	soldado	gobierno

2   **Definiciones** Escribe la palabra que corresponde a cada una de estas definiciones.

civilización	derrotar	invadir	reina
década	inestabilidad	monarca	sabiduría

1. _____: rey soberano de un estado

2. _____: situación de inseguridad y falta de equilibrio

3. _____: período de diez años

4. _____: vencer en una batalla o guerra

5. _____: alto nivel de desarrollo cultural de las sociedades

6. _____: entrar por la fuerza en un lugar

7. _____: conocimiento profundo en ciencias, letras o artes

8. _____: esposa del rey

3   **La conquista de Perú** Lee este breve texto sobre la conquista de Perú y complétalo con las palabras de la lista.

conquista	guerra	imperio
conquistar	habitantes	sabiduría

La pregunta frecuente es cómo ciento cincuenta o ciento ochenta españoles pudieron

(1) _____ tan fácilmente el (2) _____ inca, que tenía entre doce y

dieciséis millones de (3) _____. La (4) _____ no fue consecuencia

de su poder físico o (5) _____ privilegiada, sino que simplemente se debió a

que, cuando los españoles llegaron a estas tierras, los incas se encontraban en una sangrienta

(6) _____ civil.

4 **Más definiciones** Elige seis palabras y escribe una breve definición para cada una.

batalla	independencia
colonizar	pacífico
dictador	poblar
guerrero	poderoso
historiador	siglo

1. _____

2. _____

3. _____

4. _____

5. _____

6. _____

5 **Un período en la historia** ¿Hay algún período de la historia que te interese más que otros? Elige un período de la historia de tu país o de la historia del mundo que encuentres interesante, y escribe un breve párrafo. Usa al menos ocho palabras de la lista.

antiguo	herencia	soberanía
conocimiento	poblar	sociedad
conquistar	poderoso	soldado
culto/a	reino	victorioso

_____

_____

_____

_____

_____

_____

_____

_____

_____

_____

_____

Workbook

ESTRUCTURA

12.1 Uses of the infinitive

1 **¡A emparejar!** Empareja las expresiones de las dos columnas para formar oraciones lógicas.

1. Luego de haber ganado las elecciones, _____	a. respetar los derechos humanos.
2. El historiador debió _____	b. hablar de la guerra civil en su artículo.
3. El cacique mandó a _____	c. expulsar a algunos miembros de la tribu.
4. Para vivir en democracia, es importante _____	d. adorar a otros dioses.
5. El dictador dio las órdenes _____	e. el político se tuvo que dirigir al público.
6. Los conquistadores españoles prohibieron _____	f. sin considerar las consecuencias.

2 **Oraciones** Forma oraciones combinando estos elementos. Usa el pretérito o el imperfecto y el infinitivo. Haz los cambios necesarios.

1. conquistadores / pensar / descubrir / otros territorios
   Los conquistadores pensaban descubrir otros territorios.

2. Jesuitas / lograr / fundar comunidades / por todo el continente americano
   _____

3. yo / quedar / ver / documental / civilización maya / con una amiga
   _____

4. presidente / tardar / aprobar / nuevo proyecto de ley
   _____

5. ciudadanos / oír / hablar / candidato conservador
   _____

6. En el siglo XIX / iglesia / soler / influenciar / creyentes / en su voto
   _____

3 **Los pedidos de un profesor** Roberto Andino es un profesor universitario. Lee algunos pedidos que les hace a sus estudiantes y reescríbelos siguiendo el modelo.

encargar   hacer   pedir   permitir   prohibir

1. Escríbanme un informe con sus preguntas antes de la clase y mándenmelo por correo electrónico.
   Les pide escribir un informe con sus preguntas antes de la clase y mandárselo por correo electrónico.

2. Preparen el informe sobre la cultura maya en Guatemala. _____

3. Hagan la tarea para todas las clases. _____

4. No pueden faltar a los exámenes. _____

5. Pueden hacer los trabajos de investigación en grupo. _____

6. Está prohibido copiarse en los exámenes. _____

Workbook

4 **Entrevista** Completa la entrevista que una reportera le hizo a un famoso director especializado en cine histórico después de rodar una serie sobre el descubrimiento de América. Contesta las preguntas con oraciones completas.

REPORTERA ¿Qué siente al terminar de filmar las últimas escenas de la serie?

DIRECTOR _____

REPORTERA ¿Qué tiene que pasar antes de que veamos la serie en la televisión nacional?

DIRECTOR _____

REPORTERA ¿Qué es lo más importante a la hora de hacer cine histórico?

DIRECTOR _____

REPORTERA ¿Qué quiere hacer después de este proyecto?

DIRECTOR _____

REPORTERA ¿Cuánto tardó usted en escribir el guión?

DIRECTOR _____

REPORTERA ¿Qué ha aprendido en este proyecto?

DIRECTOR _____

5 **Crítica de cine** Piensa en la última película o documental que viste y escribe una breve crítica. Incluye un breve argumento y tu opinión personal. Usa al menos seis expresiones de la lista.

acabar de	para elegir	sin considerar
al filmar	pensar en	tener que
llegar a	saber dirigir	tratar de

_____

_____

_____

_____

_____

_____

_____

_____

_____

_____

_____

_____

_____

_____

12.2 Summary of the indicative

1 **Fragmentos de clase** Lee estos fragmentos de una clase de historia sobre las culturas americanas antiguas y selecciona el tiempo verbal apropiado para cada uno.

1. Desde hace siglos, todos los pueblos (intentarían / han intentado / intentarán) explicar los orígenes de los seres humanos.

2. "¿Cómo (aparecieron / aparecemos / aparecimos) en la Tierra?" Ésa (era / será / sería) la pregunta.

3. Para contestarla, muchos pueblos (inventaron / habrían inventado / habrán inventado) historias.

4. Esas historias (eran / serán / son) los mitos de la actualidad.

5. En la próxima hora, (leen / leyeron / leerán) algunos mitos de distintos pueblos.

6. La ciencia también (trataría / tratará / trata) de responder a la misma pregunta, pero no lo (hace / haría / habrá hecho) con historias.

7. Los científicos (buscaron / buscan / buscarán) y todavía hoy (siguieron / siguen / seguirán) buscando pruebas para contestar esa pregunta.

8. Los restos de esqueletos, los objetos antiguos, las obras de arte y los restos de viviendas antiguas les (servirían / servirán / han servido) a los arqueólogos para formular hipótesis sobre cómo (vivían / vivirán / viven) los humanos en la antigüedad.

2 **Los mitos mayas** Completa este párrafo sobre el mito maya de la creación humana con el pretérito o el imperfecto.

El mito maya quiché cuenta el origen del ser humano. De acuerdo con este mito, el ser humano no (1) _____ (ser) hecho de una sola vez, sino que los dioses lo (2) _____ (intentar) tres veces. La primera vez lo (3) _____ (hacer) de barro (*mud*), pero esos humanos (4) _____ (ser) muy flojos y se (5) _____ (caer). Por eso, los dioses los (6) _____ (destruir). Después, los (7) _____ (fabricar) de madera, pero (8) _____ (parecer) muy duros, y no (9) _____ (poder) pensar en los dioses. Los dioses (10) _____ (dejar) que se los comieran los animales salvajes. Por último, los (11) _____ (construir) de maíz amarillo y blanco. Estos humanos, que (12) _____ (ser) creados con alimento, (13) _____ (poder) hablar y pensar en los dioses. Nosotros somos los hijos de los hijos de los hijos de aquellos humanos.

3 **Para pensar** Contesta estas preguntas sobre el mito maya de la actividad anterior.

1. ¿Por qué los dioses destruyeron a los humanos de barro?

_____

2. Si los humanos de madera hubieran podido pensar en los dioses, ¿habrían dejado los dioses que se los comieran los animales salvajes? ¿Por qué?

_____

3. Finalmente, ¿de qué material hicieron los dioses a los humanos? ¿Por qué crees que el mito hace referencia a esos materiales y no a otros?

_____

Workbook

Workbook

4 **Un dato interesante** Haz cinco preguntas sobre este texto usando los tiempos verbales indicados.

Cuando los españoles llegaron a América, destruyeron los textos sagrados de los mayas. Pero los mayas, que sabían conservar la memoria de su pueblo, memorizaron durante mucho tiempo la historia, y así lograron conservar su legado transmitiendo oralmente su historia a través de las generaciones.

modelo
(condicional perfecto) *¿Qué habría pasado si los españoles no hubieran destrozado los textos sagrados?*

1. (condicional perfecto) _____

2. (futuro perfecto) _____

3. (presente perfecto) _____

4. (pretérito) _____

5. (pasado perfecto) _____

5 **Mitos, leyendas y creencias** Piensa en un mito, leyenda o creencia de tu cultura y escribe una composición de por lo menos ocho oraciones. Incluye por lo menos cuatro tiempos verbales diferentes en el modo indicativo. Llévala a la clase para compartirla con tus compañeros.

_____
_____
_____
_____
_____
_____
_____
_____
_____
_____
_____
_____
_____
_____
_____
_____
_____
_____

12.3 Summary of the subjunctive

1 **La nueva profesora de historia** Éstas son algunas de las recomendaciones y advertencias que la nueva profesora de historia les hizo a sus estudiantes. Indica la forma verbal adecuada para cada oración.

1. Creo que la historia (es / sea / ser) un conocimiento importantísimo para comprender los cambios políticos actuales.
2. No les exigiré (aman / amen / amar) la historia como la amo yo.
3. Pero quiero que (sienten / sientan / sentir) respeto por ella.
4. Es cierto que yo (doy / dé / dar) mucha tarea.
5. Pero no es cierto que yo (soy / sea / ser) injusta.
6. Sin embargo, siempre esperaré que (cumplen / cumplan / cumplir) con todas sus responsabilidades.

2 **Fin de año en la escuela** Elige la opción apropiada para completar lo que piensan estos estudiantes sobre su profesor de historia de este año.

1. En esta escuela, no hay ningún otro profesor que _____.
   a. hubiera enseñado historia de una manera tan clara   b. enseñe historia de una manera tan clara
2. Estudiaré historia con tal de que el año próximo _____.
   a. usted es nuestro profesor de historia   b. usted sea nuestro profesor de historia
3. Le habría dedicado más tiempo a la historia, _____.
   a. si hubiera sabido que los temas iban a ser tan interesantes   b. si habría sabido que los temas serían tan interesantes
4. Le agradezco que _____.
   a. me haya enseñado a pensar   b. me enseñaba a pensar

3 **Los incas** Completa este texto sobre los incas con el imperfecto del indicativo o el pasado del subjuntivo.

Trescientos años antes de que (1) _____ (llegar) los españoles, los incas ocuparon el valle del Cuzco, en lo que es hoy Perú. En esa época, este pueblo indígena (2) _____ (estar) encabezado por un inca llamado Manco Cápac. Antes de que (3) _____ (poblar) el valle del Cuzco, estos indígenas vivían en lo que es hoy Bolivia. Buscaban una región que (4) _____ (tener) mejor clima y suelos para cultivar. Cuando los incas llegaron a Perú, un pueblo pacífico (5) _____ (vivir) en el valle del Cuzco. Fue necesario que los incas (6) _____ (expulsar) a ese pueblo. Más tarde invadieron y conquistaron los pueblos y reinos que (7) _____ (residir) en los alrededores. Así, los incas formaron un gran imperio que (8) _____ (ser) gobernado por un Inca. Ellos no creían que el Inca (9) _____ (ser) una persona común; por el contrario, pensaban que (10) _____ (ser) hijo del dios Sol.

4 **Llegada al valle del Cuzco** ¿Qué crees que pensó el pueblo pacífico que vivía en el valle del Cuzco cuando vio llegar a los incas a su región? Basándote en la actividad anterior, imagina cómo reaccionaron los habitantes de este pueblo y escribe cuatro oraciones completas.

1. Pensaron que _____
2. Dudaban que _____
3. Preferían que _____
4. Insistieron en que _____

Lección 12 Workbook   **139**

Workbook

5 **Dudas** Completa esta conversación entre un profesor y sus estudiantes antes de un examen escrito. Utiliza la forma adecuada del subjuntivo.

ANDREA ¿Atahualpa ya era el emperador de los incas cuando llegaron los españoles?

PROFESOR Sí. Siete años antes de que el conquistador español Francisco Pizarro

(1) _____ (llegar) a la capital del imperio incaico, Atahualpa había

derrotado a su hermano.

MARIO ¡Ahh! Yo dudaba que Atahualpa (2) _____ (derrotar) a su hermano.

PROFESOR Si (3) _____ (leer) con atención, no tendrías dudas sobre qué pasó con

Atahualpa y su hermano.

ANDREA ¿Es importante que nosotros (4) _____ (recordar) las fechas exactas?

PROFESOR Lo importante es que ustedes (5) _____ (saber) cuáles fueron los eventos y

cuáles fueron las causas de esos eventos.

MARIO Pero es mejor que también (6) _____ (saber) las fechas, ¿verdad?

PROFESOR Es bueno que (7) _____ (estudiar) las fechas, pero no les haré preguntas

sobre ellas en el examen. ¿No hay más preguntas? Entonces nos vemos la semana

próxima. Ojalá les (8) _____ (ir) bien a todos.

6 **Conquista** Imagina que tú eres uno de los españoles que llegó a América. ¿Qué hubieras hecho diferente? ¿Crees que la sociedad hubiera sido distinta? Usa el indicativo, el subjuntivo y el infinitivo.

_____

_____

_____

_____

_____

_____

_____

_____

_____

_____

_____

_____

_____

_____

_____

MANUAL DE GRAMÁTICA

12.4 *Pedir/preguntar* and *conocer/saber*

1 **¿Pedir o preguntar?** Completa estas oraciones con la opción correcta.

1. El cacique les pidió a sus guerreros _____.
   a. que lucharan por sus tierras
   b. acerca de la extensión de sus tierras
2. La directora de la editorial le preguntó al historiador _____.
   a. que redactara el texto sobre el Imperio romano de nuevo
   b. sobre la historia del Imperio romano
3. Los conquistadores le pidieron a la reina _____.
   a. dinero para financiar sus descubrimientos
   b. sobre su soberanía
4. El soldado le preguntó a su coronel _____.
   a. por su pasado en el ejército
   b. unos días de permiso

2 **La escuela** Completa cada uno de los comentarios de Amelia con el verbo adecuado.

1. El profesor de historia me _____ (pidió / preguntó) que le hablara de la civilización maya.
2. Mis compañeros me _____ (pidieron / preguntaron) mis apuntes de biología.
3. El profesor nos _____ (pidió / preguntó) si habíamos entendido la lección.
4. La directora de la escuela nos _____ (pidió / preguntó) que presentáramos nuestra obra de teatro a toda la escuela.
5. Hoy _____ (conocí / supe) a un historiador famoso.
6. Esta mañana _____ (conocí / supe) que la directora quiere que los estudiantes del último año realicen un viaje cultural a México.

3 **Preguntas** Contesta cada una de estas preguntas con oraciones completas.

1. ¿Qué haces cuando tienes dudas en tu clase de español?

   _____

2. ¿A qué personas nuevas conociste en los últimos diez meses?

   _____

3. ¿Pides dinero a otras personas con frecuencia? ¿A quiénes?

   _____

4. ¿Sabes cocinar? ¿Qué platos?

   _____

Workbook

ATANDO CABOS

Lectura

1 **Antes de leer** ¿Qué pueblos antiguos habitaron tu país? ¿Qué sabes acerca de ellos?

_____

_____

_____

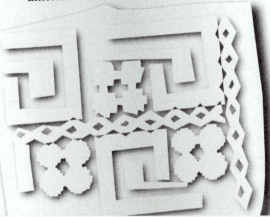

Los mayas Cuando los españoles llegaron al actual territorio de Guatemala, encontraron una civilización organizada, culta y poderosa: los mayas. Entre los siglos XX a.C. y XV d.C. aproximadamente, los mayas poblaron parte de Guatemala y Honduras y se extendieron hasta el sur de Yucatán. Estaban organizados en varios estados independientes y hablaban distintas lenguas.

Los mayas creían que antes de que existiera nuestro mundo, habían existido otros mundos pero todos ellos habían sido destruidos. También creían en muchos dioses.

Eran un pueblo con gran sabiduría. Desarrollaron un calendario muy preciso, con un año de 365 días. El año tenía dieciocho meses de veinte días cada uno y un mes de sólo cinco días. También desarrollaron el sistema de escritura más completo de todos los pueblos indígenas americanos.

Los sacerdotes se encargaban de escribir a mano libros sobre todos sus conocimientos: astronomía, matemática, historia, medicina y botánica. También escribían libros sobre sus mitos y relatos sobre el origen del mundo, de las cosas, de las leyes y de las personas.

Entre los años 1535 y 1536, el obispo español Diego de Landa ordenó que se quemaran todos los libros de los mayas. Sólo quedaron tres: el Popol Vuh, el Chilam Balam y los Anales de los Cakchiqueles. El obispo nunca pudo olvidar la tristeza con la que los mayas veían quemar sus libros sagrados.

Los mayas veían el mundo de una forma que los españoles no comprendían ni aceptaban. Los españoles creían que la religión de los pueblos conquistados se basaba en ideas inapropiadas. Por eso ordenaron que se quemaran los libros de los mayas e impusieron su propia religión. No supieron respetar las costumbres, la historia, las creencias y el arte del imperio maya. En esa época, sólo buscaban oro y plata y explotar a los indígenas, haciéndolos trabajar para ellos.

Es sorprendente que los españoles los hayan oprimido de esa manera. Pero es más sorprendente que los mayas hayan sobrevivido a esa explotación, y que todavía hoy constituyan (constitute) un alto porcentaje de la población en algunas partes de México y de Guatemala.

2   **Después de leer** Contesta las preguntas.

1. ¿En qué párrafos de la nota de enciclopedia se mencionan por primera vez estos temas?

   a. los conocimientos y las técnicas desarrolladas

   _____

   b. la quema de libros

   _____

   c. el lugar donde vivieron

   _____

   d. las creencias religiosas

   _____

   e. la época en la que vivieron

   _____

2. ¿Qué conocimientos desarrollaron los mayas?

   _____

   _____

   _____

3. ¿Por qué el obispo de Landa ordenó que se quemaran los libros ?

   _____

   _____

   _____

4. ¿Crees que el obispo se arrepintió después de haber ordenado que se quemaran los libros mayas?

   _____

   _____

   _____

5. Según el texto, ¿qué buscaban los españoles en esa época?

   _____

   _____

   _____

6. ¿Qué le sorprende al autor de este texto?

   _____

   _____

   _____

7. Además de lo mencionado en el texto, ¿qué más crees que los españoles destruyeron de los mayas?

   _____

   _____

Composición

3 **Preparación** Los incas, aztecas, chibchas y guaraníes son algunos ejemplos de grupos indígenas de la América precolombina. Vas a escribir un informe (*report*) sobre una de las culturas indígenas de ese período.

Elige una cultura indígena que te interese y busca información en tu libro de texto, en la biblioteca o en Internet. Prepara una lista que incluya:

- región donde habitaban
- siglos en los que vivieron
- organización
- creencias
- legado
- comunidades en el presente
- otros temas importantes

Luego, organiza la lista según el orden de importancia.

_____

_____

_____

_____

_____

_____

_____

_____

_____

_____

_____

4 **¡Escríbelo!** En una hoja aparte, escribe el informe incorporando toda la información que encontraste y tu opinión sobre cada uno de los temas de tu lista. Usa al menos cuatro de estas expresiones para manifestar tu opinión. Puedes usar la lectura de la página anterior como modelo.

(no) creo que	(no) considero que
(no) estoy seguro/a de que	(no) es bueno que
(no) es evidente que	(no) es necesario que

CONTEXTOS

Lección 1
Las relaciones personales

1   **Identificar** Escucha lo que dice Marta sobre Caro e indica los adjetivos que identifiques en su descripción.

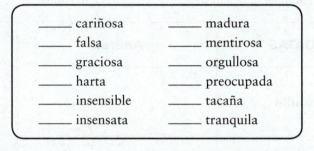

_____ cariñosa	_____ madura
_____ falsa	_____ mentirosa
_____ graciosa	_____ orgullosa
_____ harta	_____ preocupada
_____ insensible	_____ tacaña
_____ insensata	_____ tranquila

2   **No entiendo** Vuelve a escuchar lo que dice Marta de Caro e indica si lo que dicen las oraciones es cierto o falso.

	Cierto	Falso
1. Marta está feliz de vivir con Caro.	❑	❑
2. Caro es falsa.	❑	❑
3. Marta siempre termina pagando la comida.	❑	❑
4. Vivir con Caro es muy fácil.	❑	❑
5. Caro es muy madura.	❑	❑

3   **Una carta muy especial** Rosa, una psicóloga, tiene un programa de radio en el que da consejos sobre problemas sentimentales. Escucha mientras Rosa lee una carta de sus oyentes. Después, completa las oraciones con la opción correcta.

1. La persona que escribe la carta es _____.
   a. un chico joven   b. un señor mayor   c. una abuelita

2. Antonio está _____.
   a. ansioso   b. casado   c. viudo

3. Los amigos de Antonio _____.
   a. son geniales   b. no tienen experiencia   c. siempre tienen
                    en temas sentimentales   vergüenza

4. Antonio piensa que _____.
   a. su novia está agobiada   b. su novia coquetea   c. su novia odia a
       por Juan Carlos   con Juan Carlos   Juan Carlos

5. Antonio no quiere hablar con Juan Carlos sobre este problema porque _____.
   a. Juan Carlos es sensible   b. Antonio es tímido   c. Antonio es orgulloso

6. Antonio _____.
   a. no quiere discutir con   b. quiere discutir   c. quiere discutir con
       su novia   con Juan Carlos   sus amigos

Lab Manual

ESTRUCTURA

1.1 The present tense

1   **Nueva compañera** Marta está buscando una nueva compañera de apartamento. Escucha los mensajes que dos candidatas le han dejado y relaciona cada cualidad con la persona adecuada.

CANDIDATAS	Andrea	Yolanda
es tranquila		
come en la cafetería		
estudia mucho		
es activa		

2   **Para conocernos mejor** Marta y Yolanda han decidido salir juntas el viernes por la tarde para conocerse mejor y determinar si deben ser compañeras de apartamento. Escucha su conversación dos veces y después completa las oraciones.

1. Marta y Yolanda están leyendo _____.
   a. una revista de chismes   b. el periódico   c. un folleto de la ciudad

2. Marta lee el periódico _____.
   a. para ver qué pueden   b. para leer las noticias policiales c. para relajarse
      hacer el viernes

3. El viernes por la noche, Yolanda quiere _____.
   a. salir con amigos   b. ir a la discoteca   c. ir al teatro

4. Hablando de dinero, Yolanda _____.
   a. quiere pagar los boletos b. puede pagar boletos caros   c. no quiere pagar boletos caros

5. Marta dice que los boletos para el teatro los puede conseguir _____.
   a. su padre   b. su amigo Raúl   c. su madre

6. Van a cenar _____.
   a. a la casa de Marta   b. a un restaurante elegante   c. al restaurante de Raúl

7. La próxima vez que salga con Marta, Yolanda _____.
   a. va a organizar otra salida b. va a dejar a Marta hacer los planes c. va a mirar televisión

8. Marta y Yolanda _____.
   a. se llevan mal   b. no se caen bien   c. se llevan muy bien

Lab Manual

1.2 *Ser* and *estar*

1 **De vacaciones** Pedro y su novia Leticia están de vacaciones. Mira el dibujo y marca **cierto** o **falso** para cada oración que escuches. Si es falsa, corrígela y escribe la oración cierta con **ser** o **estar**.

	Cierto	Falso	
1.	❑	❑	_____
2.	❑	❑	_____
3.	❑	❑	_____
4.	❑	❑	_____
5.	❑	❑	_____
6.	❑	❑	_____

2 **¿Qué significa?** Escucha cinco oraciones y elige el significado correcto para cada una.

1. a. Esta fruta es de color verde.
   b. Esta fruta no debe comerse todavía.

2. a. Me quiero ir. No me gustan las fiestas.
   b. Me quiero ir. No me gusta esta fiesta.

3. a. Ese actor no ha muerto.
   b. Ese actor es rápido e inteligente.

4. a. Esos zapatos le quedan bien a una persona alta como tú.
   b. Esos zapatos hacen que te veas más alta.

5. a. Mi niña se porta mal.
   b. Mi niña está enferma.

3 **El verbo adecuado** Escucha a Alan mientras menciona ocho sujetos de una oración. Luego, completa cada una de estas oraciones con la forma adecuada de *ser* o *estar* y con la información entre paréntesis. Sigue el modelo. Después, repite la respuesta correcta.

> **modelo**
> *Tú escuchas:* Juan
> *Tú lees:* de vacaciones
> *Tú dices: Juan está de vacaciones*

1. (un estudiante de español de primer año)
2. (en este momento en la cafetería de la universidad)
3. (en clase hasta las dos de la tarde)
4. (a las dos de la tarde)
5. (en el gimnasio)
6. (en buena forma física)
7. (bueno para los números)
8. (personas muy activas)

Lab Manual

1.3 Progressive forms

1 **La exnovia de Jorge** Escucha la conversación entre Gonzalo y Jorge, y después indica si estas oraciones son **ciertas** o **falsas**.

Cierto Falso

1. ❑ ❑ Jorge siempre está descansando o durmiendo.

2. ❑ ❑ Gonzalo nunca mira por la ventana.

3. ❑ ❑ Jorge y Gonzalo tienen una personalidad muy diferente.

4. ❑ ❑ Jennifer López está paseando por la calle.

5. ❑ ❑ Susana y Jorge se llevan muy bien.

6. ❑ ❑ El chico argentino del tercer piso siempre se peleaba con Susana.

2 **¿Qué está pasando?** Vuelve a escuchar la conversación entre Gonzalo y Jorge y completa las oraciones según la información que escuchaste.

no / buscar	mirar la tele	pasear
caminar	mirar por	saludar
hablar	la ventana	

1. Mientras Jorge está en el sofá, Gonzalo _____.

2. Gonzalo piensa que Jorge siempre _____.

3. Gonzalo _____ a nadie.

4. Susana _____ por la calle.

5. Gonzalo dice que Susana _____.

6. Mientras habla con Jorge, Gonzalo _____.

7. El chico argentino del tercer piso y Susana _____.

3 **Preguntas** Marcela es muy chismosa y siempre anda preguntando qué están haciendo los demás. Su amigo Carlos contesta todas sus preguntas. Sigue el modelo y después repite la respuesta correcta.

modelo

Tú escuchas: ¿Qué están haciendo Diana y Marcos?
Tú lees: estar / jugar / baloncesto
Tú contestas: Están jugando baloncesto.

1. venir / criticar / a sus compañeras

2. seguir / leer / su revista

3. ir / caminar / por el corredor

4. llevar / bailar / tres horas

5. seguir / hablar / sin parar

6. andar / responder / todas tus preguntas

Lab Manual

PRONUNCIACIÓN

Linking

Spanish often links words together based on the last sound of one word and the first sound of the next one. This tendency is why, when listening to native speakers, it may seem difficult to determine where one word ends and the next begins.

Vowel + same vowel

When one word ends with a vowel and the next word begins with the same vowel or same vowel sound, the two identical vowels fuse and sound as a single vowel. Listen to the following examples and repeat them after the speaker.

de entonces	**convertirse en**	**fue en**
llegada a	**para algunos**	**este examen**

Vowel + different vowel

When one word ends with a vowel and the next word begins with a different vowel or vowel sound, both sounds are pronounced as if they were one single syllable. Listen to the following examples and repeat them after the speaker.

puedo escribir	**como antes**	**políticamente incorrecto**
le importa	**nombre artístico**	**estudiaba ingeniería**

    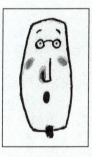

Consonant + vowel

When one word ends with a consonant and the next word begins with a vowel or a vowel sound, it sounds as though the consonant were actually occurring at the beginning of the following syllable. Listen to the following examples and repeat them after the speaker.

el humor	**el último**	**grandes ojos**
un ejemplo	**las opiniones**	**al igual**

Lab Manual

VOCABULARIO

Ahora escucharás el vocabulario que está al final de esta lección en tu libro de texto. Escucha con atención cada palabra o expresión y después repítela.

CONTEXTOS

Lección 2
Las diversiones

1 **Planes de fin de semana** Escucha lo que dicen Alicia y Pilar e indica en la tabla qué planes tiene cada una para el fin de semana.

	ir a un concierto de rock	jugar al tenis en un torneo	ir a bailar	descansar	salir con Ricardo
Alicia			✓		
Pilar					

2 **Alicia y Pilar** Ahora vuelve a escuchar los planes de Alicia y Pilar y contesta las preguntas.

1. ¿En qué año de sus estudios está Alicia?

   Está en tercer año de medicina.

2. ¿Qué va a hacer Alicia el sábado por la noche?

   _____

3. ¿Qué va a hacer Alicia el domingo?

   _____

4. ¿Qué estudia Pilar Ramos?

   _____

5. ¿Cuándo va a participar Pilar en un torneo de tenis?

   _____

6. ¿Qué hace Pilar todos los sábados por la noche?

   _____

3 **Una conversación telefónica** Escucha la conversación telefónica entre Alicia y Pilar, y determina si las oraciones son **ciertas** o **falsas**. Luego, corrige las falsas en el espacio indicado.

Cierto Falso

❑   ❑   1. Alicia está de buen humor cuando contesta el teléfono.

❑   ❑   2. Alicia reconoce la voz de la persona que llama por teléfono.

_____

❑   ❑   3. Pilar se acuerda del cumpleaños de Alicia.

_____

❑   ❑   4. El cumpleaños de Alicia es el sábado.

_____

❑   ❑   5. Pilar y Ricardo son novios.

_____

❑   ❑   6. Alicia no tiene mucho trabajo.

_____

Lab Manual

ESTRUCTURA

2.1 Object pronouns

1 **Regalos de cumpleaños** Gonzalo está mirando los regalos de cumpleaños que Alicia va a recibir. Escucha las preguntas de Gonzalo y responde según las pistas (*clues*). Después, repite la respuesta correcta.

> **modelo**
>
> *Tú escuchas:* ¿Quién le va a regalar este disco?
> *Tú lees:* Julia
> *Tú escribes: Se lo va a regalar Julia.*

1. (Juan y Luis) _____
2. (Pilar) _____
3. (Jorge) _____
4. (Su hermana) _____
5. (Sus primas) _____
6. (Su vecino del primer piso) _____

2 **¿Quién te lo va a regalar?** Alicia se entera de lo que sus amigos le van a regalar y se lo dice a su amigo Roberto. Contesta estas preguntas de Roberto como si fueras Alicia. Después, repite la respuesta correcta.

> **modelo**
>
> *Tú escuchas:* ¿Quién te va a regalar un disco?
> *Tú lees:* Julia
> *Tú dices: Me lo va a regalar Julia.*

1. Juan y Luis
2. Pilar
3. Jorge
4. Mi hermana
5. Mis primas
6. Mi vecino del primer piso

3 **La confusión de Mónica** Contesta las preguntas de Mónica, siguiendo el modelo. Después, repite la respuesta correcta.

> **modelo**
>
> *Tú escuchas:* ¿Miguel envió las invitaciones a Sara?
> *Tú lees:* no
> *Tú dices: No, Sara se las envió a Miguel.*

1. no   4. no
2. no   5. no
3. sí   6. sí

2.2 *Gustar* and similar verbs

1 **¡Qué aburrido!** Escucha esta breve conversación entre Roberto y Rosa, y completa las oraciones.

1. A Roberto le aburren _____.
   a. las fiestas de cumpleaños   b. los conciertos   c. sus amigos

2. Según Rosa, Roberto sólo se tiene que preocupar de _____.
   a. comprar un pasaje de autobús   b. comprar un boleto   c. llevarle un regalo a Alicia

3. Según Roberto, Alicia le cae _____.
   a. mal   b. fatal   c. bien

4. A Roberto _____.
   a. no le gustan los conciertos   b. le encantan los conciertos   c. le gustan sólo los conciertos de rock

5. Le molestan _____.
   a. los sitios con música fuerte   b. los sitios donde hay   c. los sitios donde hay
                                        mucha gente   poca gente

6. Rosa le dice que pueden verse _____.
   a. más tarde ese día   b. otro día   c. al día siguiente

2 **Curiosidad** Escucha las preguntas y respóndelas con la información entre paréntesis. Después de responder cada pregunta, escucha la respuesta correcta.

> **modelo**
>
> *Tú escuchas:* ¿Por qué no está Ricardo en la fiesta?
> *Tú lees:* (disgustar / fiestas)
> *Tú respondes: Porque le disgustan las fiestas.*

1. (no gustar / chocolate)

2. (interesar / canciones de moda)

3. (disgustar / ruido)

4. (caer bien)

5. (preocupar / lluvia)

6. (no gustar / esta música)

3 **Encuesta** Un reportero del periódico de tu ciudad te pide que participes en una encuesta sobre los gustos de los jóvenes. Responde afirmativamente a sus preguntas. Luego, escucha y repite la respuesta correcta. (*6 items*)

> **modelo**
>
> *Tú escuchas:* ¿Te gustan los conciertos de rock?
> *Tú dices: Sí, me gustan los conciertos de rock.*

Lab Manual

2.3 Reflexive verbs

1 **¡Qué diferentes!** Mira las ilustraciones y luego decide si lo que dice Alicia es **cierto** o **falso**.

Cierto Falso

1. ☑ ❑
2. ❑ ❑
3. ❑ ❑
4. ❑ ❑
5. ❑ ❑

Roberto   Jorge

2 **La rutina familiar** Tú recibiste una carta de Marta en la que cuenta la rutina diaria de su familia. Escucha un fragmento de la carta y empareja a las personas con sus actividades.

A	B
_____ 1. Andrés	a. Se levanta temprano para arreglarse.
_____ 2. Rosa	b. Se viste muy elegantemente.
_____ 3. Papá	c. Se olvida de quién es su familia.
_____ 4. Mamá	d. Se quita la ropa y se viste solo.
_____ 5. Alberto	e. Se ducha y se viste en quince minutos.
_____ 6. El abuelo	f. Se queja porque sólo hay un baño.

3 **Y después** Escucha lo que les pasa a estas personas y escoge un verbo de la lista para decir qué ocurre después. Luego, escucha la respuesta correcta y repítela. (*6 items*)

> **modelo**
> *Tú escuchas:* Josefina escoge la ropa perfecta para su entrevista importante.
> *Tú lees:* vestirse
> *Tú dices:* Y después se viste.

acordarse	dormirse
acostarse	mudarse
arrepentirse	quejarse
convertirse	quitarse
despertarse	vestirse

Lab Manual

PRONUNCIACIÓN Y ORTOGRAFÍA

Diéresis

As you already know, when the letter **g** is used before the vowels **e** or **i** it sounds like the letter **j**. When it is used before the vowels **a, o** and **u** it sounds like the **g** in **gato.**

Listen to the speaker and repeat each word.

gente	gimnasio	pegamento	argolla	guajiro

In order to maintain the sound of the **g,** as in **gato,** before the vowels **e** and **i,** you need to write a **u** between the **g** and the vowel. This **u** is never pronounced.

Listen to the speaker and repeat each word.

despegue	guitarra	guerrero	aguinaldo

In words like **pingüino** or **lingüística** the **u** is pronounced. To indicate this in writing, two dots called **diéresis** are added above the **u.**

Listen to the speaker read a few words with **diéresis.** Look at the spelling carefully and repeat each word.

bilingüe	pingüino	cigüeña	lingüista

The **diéresis** is also necessary when dealing with certain families of words, for example, when conjugating the verb **averiguar** or creating a diminutive from the noun **agua.** In cases like these, when the root word has a **g** pronounced like in **gato,** a **diéresis** is sometimes necessary to maintain the pronunciation of the **u.**

Listen to the speaker read pairs of words. Look at the spelling carefully and repeat each pair.

averiguar → averigüé
avergonzar → avergüenzas
agua → agüita
paraguas → paragüitas
antiguo → antigüedad

Lab Manual

VOCABULARIO

Ahora escucharás el vocabulario que está al final de esta lección en tu libro de texto. Escucha con atención cada palabra o expresión y después repítela.

CONTEXTOS

Lección 3
La vida diaria

1 **Las tareas de Mateo** Escucha las instrucciones que Amparo le da a Mateo y ordena sus tareas según la información que escuches.

_____ a. barrer las escaleras

___1___ b. apagar la cafetera después de desayunar

_____ c. recoger unos dulces en la tienda de la esquina

_____ d. pasar la aspiradora en los cuartos de los niños

_____ e. quitarle el polvo a los muebles del salón

_____ f. sacar la carne congelada (*frozen*) del refrigerador

_____ g. ir a comprar al supermercado antes de las tres

_____ h. elegir productos baratos en el supermercado

_____ i. cambiar el foco (*light bulb*) de la lámpara de la cocina

2 **¡Que no se me olvide!** Escucha una lista de las instrucciones que Amparo le da a Mateo y haz la lista como si fueras Mateo. Sigue el modelo. Luego, escucha y repite la respuesta correcta. (*8 items*)

> **modelo**
> *Tú escuchas:* Calienta el café.
> *Tú dices:* Caliento el café.

3 **Ocho horas después** Son las cinco de la tarde y Amparo ya ha regresado del trabajo. Escucha la conversación que tiene con Mateo y elige la opción más adecuada para completar las oraciones.

1. Cuando Amparo regresa del trabajo, Mateo _____.

   a. está hablando con la vecina   b. está mirando la telenovela   c. está limpiando las ventanas

2. Amparo piensa que la vecina _____.

   a. debe trabajar más   b. siempre va arreglada   c. está enamorada de Mateo

3. A Mateo _____.

   a. le cae bien su vecina   b. le cae mal su vecina   c. le molesta su vecina

4. ¿Qué piensa Mateo sobre los dulces? _____.

   a. Le encantan   b. Los odia   c. Piensa que necesitan azúcar

5. Amparo no quiere que Mateo coma dulces porque _____.

   a. está a dieta   b. está enfermo   c. está obeso

6. Amparo piensa que Mateo _____.

   a. es asombroso   b. es muy tranquilo   c. es muy nervioso

Lab Manual

ESTRUCTURA

3.1 The preterite

1 Para eso están los amigos Mateo llamó a dos amigos para que lo ayudaran a limpiar la casa. Escucha lo que Mateo le cuenta a Amparo cuando ella regresa del trabajo, e indica en la tabla quién hizo cada tarea.

	poner la comida en el refrigerador	separar los ingredientes para la comida	ir al supermercado	hervir las papas y los huevos	traer productos de limpieza
Mateo					
Paco					
José Luis					

2 Completar Vuelve a escuchar lo que Mateo le cuenta a Amparo y completa las oraciones.

1. Mateo _____ a un par de amigos esta mañana.

2. Amparo los _____ en su fiesta de cumpleaños.

3. Ellos _____ muy tarde debido al tráfico.

4. José Luis _____ al supermercado y

   _____ todas las cosas que pidió Amparo.

5. Cuando Paco _____, se puso a limpiar la cocina y

   _____ toda la comida en el refrigerador.

6. Paco incluso _____ productos de limpieza.

3 ¿Y tú? ¿Recuerdas qué hiciste la última vez que tuviste el apartamento para ti solo/a (*to yourself*)? Contesta las preguntas que escuches siguiendo el modelo, después repite la respuesta correcta.

> **modelo**
> *Tú escuchas:* El primer día, ¿miraste televisión todo el día o limpiaste la casa primero?
> *Tú lees:* limpiar la casa
> *Tú dices:* Limpié la casa primero.

1. tres días
2. pasar la aspiradora
3. pizza
4. mi mejor amiga
5. no
6. sí / a la oscuridad
7. ver una película
8. pasarlo muy bien

3.2 The imperfect

1 **Cuando era soltero...** Mateo está pensando en cómo era su vida antes de conocer a Amparo. Escucha lo que dice y después contesta las preguntas.

1. ¿Qué hacía Mateo todas las noches? Mateo _____ todas las noches.

   a. salía a comer   b. iba al cine   c. salía con sus amigos

2. ¿Limpiaba el apartamento a menudo? _____ su apartamento.

   a. Sí, limpiaba a menudo   b. No, nunca limpiaba   c. A veces limpiaba

3. ¿Cómo pagaba sus compras? Siempre pagaba con _____.

   a. dinero en efectivo   b. tarjetas de débito   c. tarjetas de crédito

4. ¿Tenía dinero? _____.

   a. No, pero no tenía deudas   b. No, tenía muchas deudas   c. Sí, tenía mucho dinero

5. ¿Por qué lo pasaba fatal? Lo pasaba fatal porque _____.

   a. era muy tímido   b. no tenía vida nocturna   c. era muy aburrido

2 **El gran cambio** Elena era antipática y decidió cambiar. Usa la información sobre su situación en el pasado para describir a la Elena de antes. Después, escucha la respuesta correcta y repítela.

> **modelo**
>
> *Tú escuchas:* Ahora yo hablo con mucha calma.
> *Tú lees:* muy rápido
> *Tú dices: Antes yo hablaba muy rápido.*

En el pasado

1. con estrés y ansiedad
2. cada cinco minutos
3. una persona agresiva
4. por los detalles más pequeños
5. muy temprano los fines de semana
6. nunca
7. de mal humor
8. la persona más antipática

3 **¿Cómo eras tú antes?** Piensa en cómo eras tú cuando estabas en la escuela primaria. ¿Tenías la misma personalidad que ahora? Contesta las preguntas en el espacio indicado.

1. _____

2. _____

3. _____

4. _____

Lab Manual

3.3 The preterite vs. the imperfect

1 **Un chico con suerte** Ricardo es un estudiante con poca experiencia que acaba de conseguir su primer trabajo. Escucha la conversación entre Ricardo y su novia Isabel sobre la entrevista e indica si las oraciones son **ciertas** o **falsas**.

Cierto Falso

❑ ❑ 1. Ricardo conoció a su nuevo jefe en la cafetería antes de la entrevista.

❑ ❑ 2. El señor Álvarez suele entrevistar personalmente a los candidatos.

❑ ❑ 3. El día de la entrevista la secretaria del señor Álvarez estaba de vacaciones.

❑ ❑ 4. Cuando era niño el señor Álvarez vivió en Milán.

❑ ❑ 5. La señora Álvarez habla francés porque vivió muchos años en París.

❑ ❑ 6. La señora Álvarez estudió ingeniería.

❑ ❑ 7. El señor Álvarez antes era agricultor, pero ahora trabaja en un banco.

❑ ❑ 8. El señor y la señora Álvarez se mudaron hace poco a una casa nueva en el campo.

2 **Preparativos para la cena** Escucha lo que cuenta Isabel sobre la cena e indica si los verbos de la lista se usan en el pretérito o el imperfecto.

Infinitivo	Pretérito	Imperfecto
1. tener		
2. ordenar		
3. limpiar		
4. hacer la cena		
5. darse cuenta		
6. mirar		
7. enfadarse		
8. poner		
9. hacer		
10. terminar		
11. comenzar		
12. irse		

3 **¡A responder!** Escucha las preguntas y respóndelas con el pretérito o el imperfecto de los verbos y con la información entre paréntesis. Sigue el modelo. Después, repite la respuesta correcta.

> **modelo**
>
> *Tú escuchas:* ¿Por qué no invitaste a tu jefe a cenar?
> *Tú lees:* perder su número de teléfono
> *Tú dices: Porque perdí su número de teléfono.*

1. (tener quince años)   4. (olvidar la cita)
2. (lastimarse el tobillo)   5. (comer mucho antes de venir)
3. (tener veinte años, una tarde de domingo.)   6. (tener diez años y estar en la escuela.)

Lab Manual

PRONUNCIACIÓN

The sounds of p, t, and k

As you might recall, no consonant in Spanish is accompanied by the puff of air that the sounds of **p, t,** and **k** make in English when they occur at the beginning of a word. Place your hand directly in front of your lips and say the English words *pit, top,* and *car.* You should notice a puff of air that is released along with the initial consonant. This puff of air should never occur in Spanish. Instead, in Spanish these sounds should resemble the **p, t,** and **k** following the initial **s** of English *spit, stop,* and *scar.* Notice that no puff of air is released in these cases. Place your hand directly in front of your lips again, and compare the difference: *pit, spit; top, stop; car, scar.*

Listen to the speaker pronounce the following Spanish words and repeat them, focusing on the **p** sound.

proponer	**princesa**	**perdón**	**paja**	**palacio**
Pedro	**patio**	**pintar**	**plato**	**pobre**

Now listen to the speaker and repeat, focusing on the **t** sound.

tantos	**terror**	**tirano**	**típico**	**tampoco**
trabajo	**tranquilo**	**temas**	**triunfo**	**tropa**

Now listen to the speaker and repeat, focusing on the **k** sound. Remember that in Spanish a **c** before a consonant or the vowels **a, o,** and **u** sounds like **k.**

carne	**color**	**campo**	**comida**	**casa**
cuchillo	**conspiración**	**cansancio**	**cuadro**	**común**

Trabalenguas

Ahora que ya tienes práctica con la pronunciación básica de estos sonidos, es el momento de practicar con materiales más avanzados, como un trabalenguas. Presta atención a la pronunciación del narrador y repite cada trabalenguas tantas veces como sea necesario, hasta leerlo completo sin detenerte.

1. **Poquito a poquito Paquito empaca poquitas copitas en pocos paquetes.**

2. **Qué colosal col colocó en aquel local el loco aquel.**

3. **Treinta tramos de troncos trozaron tres tristes trozadores de troncos y triplicaron su trabajo.**

Lab Manual

VOCABULARIO

Ahora escucharás el vocabulario que está al final de esta lección en tu libro de texto. Escucha con atención cada palabra o expresión y después repítela.

Lab Manual

CONTEXTOS

Lección 4
La salud y el bienestar

1 **Identificación** Escucha las siguientes definiciones de palabras o expresiones relacionadas con la salud. Después, escribe el número de la descripción correspondiente a cada una de las palabras de la lista.

_1_ a. tener fiebre   _____ d. cirujano/a   _____ g. consultorio

_____ b. vacuna   _____ e. obesidad   _____ h. jarabe

_____ c. sano/a   _____ f. relajarse   _____ i. desmayarse

2 **En el consultorio del médico** Escucha la conversación entre el doctor Pérez y Rosaura. Después, indica todos los síntomas que menciona Rosaura en la conversación.

_____ malestar general   _____ ansiedad   _____ dolor de espalda

_____ tos continua   _____ la tensión baja   _____ depresión

_____ la tensión alta   _____ fiebre alta   _____ vómitos

3 **La salud de Rosaura** Ahora escucha otra conversación entre el doctor Pérez y Rosaura e indica si las oraciones son **ciertas** o **falsas**.

Cierto Falso

❏ ❏ 1. Manuela del Campo es una cirujana.

❏ ❏ 2. El doctor Pérez quiere que Rosaura hable con Manuela.

❏ ❏ 3. A Rosaura no le gustan los doctores como Manuela porque piensan que ella es tonta.

❏ ❏ 4. Rosaura piensa hacer muchas consultas a la psiquiatra.

❏ ❏ 5. Rosaura va a llamar al doctor Pérez la próxima semana para contarle todo.

❏ ❏ 6. Para el doctor Pérez, el trabajo es tan importante como la salud.

4 **¿Cómo estás?** Contesta las preguntas del doctor Pérez. Luego, escucha y repite la respuesta correcta.

> **modelo**
>
> *Tú escuchas:* ¿Qué le duele?
> *Tú lees:* cabeza
> *Tú dices: Me duele la cabeza.*

1. alimentación

2. brazo

3. resfriado

4. fiebre

5. mareado

6. dieta

Lab Manual

ESTRUCTURA

4.1 The subjunctive in noun clauses

1 Demasiados enfermos Claudia, una estudiante de medicina, está pasando el fin de semana en casa de sus padres. Escucha las instrucciones que ella le da a cada persona enferma y después conecta cada instrucción de la columna B con la persona correspondiente de la columna A.

A	B
papá	____papá____ a. dejar de fumar inmediatamente
abuelo	_____ b. no beber más café
abuela	_____ c. tomarse la temperatura cada dos horas
mamá	_____ d. terminarse toda la sopa
Jorge	_____ e. meterse en la cama
Luis	_____ f. tomarse dos aspirinas con agua
Carmen	_____ g. llamar al médico si se siente peor

2 Yo te recomiendo Da consejos a un amigo. Sigue el modelo. Luego, escucha y repite la respuesta correcta.

> **modelo**
> *Tú escuchas:* Fumar hace mal.
> *Tú lees:* sugerir
> *Tú dices:* Le sugiero que no fume.

1. aconsejar   4. pedir

2. es importante   5. recomendar

3. es necesario   6. sugerir

3 Consejos para don José Don José está muy estresado porque lleva un estilo de vida muy agitado. Escucha los consejos que le da un médico y luego completa la tabla con la información que escuches.

Objetivos	Recomendaciones
1. Para mantenerse en forma,	1. _____ al gimnasio y _____ ejercicios para relajarse.
2. Para mejorar su dieta y prevenir enfermedades,	2. _____ frutas y verduras diariamente.
3. Para no estresarse por el trabajo,	3. _____ organizado y _____ tantas horas extras.
4. Para disfrutar más tiempo con su familia,	4. _____ actividades en la casa.
5. Para que usted y su esposa no discutan tanto,	5. _____ tiempo para descansar y divertirse juntos.

4.2 Commands

1 **Los consejos de César** Escucha los consejos que le da César a una paciente sobre la salud y el bienestar e indica si son **lógicos** o **ilógicos**.

	lógico	ilógico		lógico	ilógico
1.	✗		6.		
2.			7.		
3.			8.		
4.			9.		
5.			10.		

2 **¡A trabajar!** Eres médico y supervisas a un grupo de estudiantes de medicina. Contesta las preguntas de los estudiantes. Luego, escucha y repite la respuesta correcta.

> **modelo**
>
> *Tú escuchas:* ¿Debo trasnochar hoy?
> *Tú lees:* descansar
> *Tú dices: No, hoy descansa.*

1. calmante

2. poner una inyección

3. relajarse

4. consultorio

5. cirujano

6. bebé

3 **Que lo haga otra persona** Manuel le está dando mandatos a un ayudante, pero el ayudante no quiere colaborar. Escucha los mandatos de Manuel y di los mandatos indirectos con los que el ayudante le responde. Sigue el modelo. Luego, escucha y repite la respuesta correcta.

> **modelo**
>
> *Tú escuchas:* Pon las vendas en el armario.
> *Tú lees:* las enfermeras
> *Tú dices: Que las pongan las enfermeras.*

1. su secretaria

2. el enfermero nuevo

3. los otros ayudantes

4. la recepcionista

5. el voluntario

6. un especialista

Lab Manual

Lección 4 Lab Manual   **165**

4.3 *Por* and *para*

1 **¿Por o para?** Completa las oraciones con **por** o **para**. Utiliza la información entre paréntesis. Sigue el modelo. Luego, repite la respuesta correcta.

> **modelo**
> *Tú escuchas:* Visitaba a su abuelo enfermo
> *Tú lees:* las tardes
> *Tú dices: Visitaba a su abuelo enfermo por las tardes.*

1. (unos meses)
2. (llamar al médico)
3. (tres semanas)
4. (relajarse con sus amigos)
5. (el parque)
6. (su abuela)
7. (unas pastillas)
8. (las montañas)

2 **Confesiones de una estudiante de medicina** Escucha la conversación entre la estudiante de medicina Amelia Sánchez y su amiga Carlota, y completa las respuestas. Usa **por** o **para**.

1. ¿A dónde va Amelia todos los días por la mañana?
   Amelia va _____ todos los días por la mañana.

2. ¿Por qué se levanta tan temprano?
   Debe preparar mil cosas _____.

3. ¿Qué es lo más importante de su profesión?
   _____ ella, lo más importante es el trato con los enfermos.

4. ¿Qué le gusta hacer por las tardes a Amelia para relajarse?
   Le gusta caminar _____ o ir al gimnasio.

5. ¿Carlota sigue trabajando con el laboratorio de análisis clínicos?
   No, ahora trabaja _____.

6. ¿Por qué Amelia estudia medicina?
   Estudia medicina _____ tenía una farmacia.

3 **Preguntas** Escucha las preguntas y contéstalas usando **por** o **para**. Luego, escucha y repite la respuesta correcta.

> **modelo**
> *Tú escuchas:* ¿En serio que viste a Brad Pitt en el restaurante?
> *Tú lees:* colmo / casualidad
> *Tú dices: Sí, lo vi por casualidad.*

1. si acaso / ejemplo
2. fin / siempre
3. su edad / otro lado
4. tanto / lo general
5. uno nuevo / mañana
6. casualidad / el viernes

PRONUNCIACIÓN

The sounds of r and rr

As you might recall, Spanish has two **r** sounds, neither of which resembles the English **r**.

The sound of the single *r*

When it occurs between vowels or at the end of a syllable, the sound of a single **r** in Spanish is produced with a single tap of the tip of the tongue on the ridge behind the upper front teeth. This sound is equivalent to the sound spelled *t, tt, d,* and *dd* in standard American English in words like *eating, butter, leading,* and *caddy*. Focus on the position of your tongue and teeth as you listen to the speaker, and repeat each word.

mujeres	**periodismo**	**formaron**	**cuerpo**	**cerámica**
poder	**curativo**	**conquistar**	**enfermedad**	**aparición**

The sound of the double *rr*

In words spelled with a double **rr**, as well as in those spelled with a single **r** occurring at the beginning of the word, the sound is pronounced as a trilled **rr**. The trill sound is produced by rapidly moving the tip of the tongue against the ridge behind the upper front teeth. This trill is also the case when the **r** sound appears after the letters **l** or **n**. Listen to the speaker and repeat each word, paying attention to the position of your tongue and teeth.

arráncame	**desenterrar**	**alrededor**	**recetar**	**enredar**
rebelión	**resultado**	**desarrollar**	**ruego**	**guerra**

Many words in Spanish differ from each other only through the **r** and **rr** sounds. It is important that you practice the right sound for each one to avoid being misunderstood. Listen to the speaker and repeat each one of these pairs.

coro/corro	**moro/morro**	**pero/perro**	**perito/perrito**

Further practice

Now that you have had the chance to focus on your pronunciation, listen as the speaker says the following sentence and repeat.

¿Cuánta madera roería un roedor si los roedores royeran madera?

Lab Manual

VOCABULARIO

Ahora escucharás el vocabulario que está al final de esta lección en tu libro de texto. Escucha con atención cada palabra o expresión y después repítela.

CONTEXTOS

Lección 5
Los viajes

1 **Un viaje cultural** Escucha el anuncio de radio e indica qué ofrece el viaje descrito.

_____ visita exclusiva al Museo de Arte Moderno de Nueva York

_____ guía turístico bilingüe

_____ día de compras

_____ viajes en taxi

_____ estancia en un hotel en Boston

_____ una cena romántica

_____ servicio de habitación las veinticuatro horas

_____ traslado al aeropuerto

_____ minibar y caja fuerte en el hotel

_____ limusina y entradas para ver un musical

2 **Viajes organizados** Escucha un anuncio de radio sobre viajes organizados y después completa las oraciones.

1. La agencia *Viajes Escape* prepara mini vacaciones para _profesionales ocupados y estresados_.

2. Esta semana la agencia tiene _____ viajes de oferta.

3. Playa Dorada es una isla privada en _____.

4. La cabaña incluye tres _____ y todas las _____.

5. Puede practicar _____ por una tarifa adicional.

6. La excursión de montaña es en el estado de _____.

7. El _____ es muy pintoresco y lleno de encanto.

8. El precio de la _____ de montaña es sólo de noventa y nueve dólares por persona.

3 **Definiciones** Escucha las preguntas y responde con oraciones completas. Luego, repite la respuesta completa.

modelo

Tú escuchas: ¿Qué es un pasaporte?
Tú lees: documento oficial / salir del país
Tú dices: Un pasaporte es un documento oficial para salir del país.

1. límite / separar / dos países
2. masa de tierra / rodeada / agua
3. viajar / agua / barco
4. acumulación de muchos carros / calle / mismo tiempo
5. restos / construcción antigua
6. lugar / muchos árboles / animales

Lab Manual

ESTRUCTURA

5.1 Comparatives and superlatives

1 **Cuántos recuerdos** Steve y María están de vacaciones. Después de cenar, los dos amigos van a dar un paseo por Chilapas, el pueblecito donde se hospedan. Escucha su conversación y después indica si cada una de estas afirmaciones es **cierta** o **falsa**.

Cierto	Falso	
❑	❑	1. A María el pueblo mexicano le recuerda su viaje a España.
❑	❑	2. Según María, Albarracín es un pueblo más grande que Chilapas.
❑	❑	3. En Chilapas hay menos flores que en Albarracín.
❑	❑	4. Las calles de Albarracín son más estrechas que las de Chilapas.
❑	❑	5. La gente de Albarracín es tan simpática como la de Chilapas.
❑	❑	6. Steve piensa que María no tiene más oportunidades que él para viajar.

2 **Dos ciudades** Tu amiga y tú discuten sobre sus ciudades. Responde a sus comentarios usando comparativos y superlativos. Sigue el modelo. Luego, repite la respuesta correcta.

> **modelo**
>
> *Tú escuchas:* Los restaurantes de mi ciudad son buenos.
> *Tú lees:* + / el mundo
> *Tú dices: Los restaurantes de mi ciudad son los mejores del mundo.*

1. – / el país   4. – / tu ciudad
2. = / tu ciudad   5. + / tu ciudad
3. + / todas   6. + / Latinoamérica

3 **¿Cuál te gusta más?** Observa las diferencias entre las dos casas de la ilustración y después contesta las preguntas usando comparaciones.

Familia López   **Familia Brito**

1. _____

2. _____

3. _____

4. _____

5. _____

5.2 Negative, affirmative, and indefinite clauses

1 **Ideas para el viaje de fin de curso** Ricardo y Elvira se han reunido con otros dos compañeros de clase para tomar una decisión sobre su viaje de fin de curso. Escucha lo que dice cada uno y elige la mejor opción para completar cada oración.

_____ 1. a. o yo no voy al viaje.

       b. o me compro unos zapatos.

_____ 2. a. no tengo dinero.

       b. ni la naturaleza en general.

_____ 3. a. un viaje cultural.

       b. mal tiempo.

_____ 4. a. escuchar a nadie.

       b. tomar una decisión.

_____ 5. a. llegar (*reach*) a ninguna decisión.

       b. ni aprobar el examen.

_____ 6. a. también.

       b. tampoco.

2 **Viajeros muy diferentes** Escucha los comentarios y transforma los afirmativos en negativos y los negativos en afirmativos.

> **modelo**
>
> *Tú escuchas:* Elvira quiere visitar algunos museos.
> *Tú escribes:* Elvira no quiere visitar ningún museo.

1. A Ricardo _____ le gustan _____ los viajes en autobús.

2. Elvira _____ quiere viajar a zonas de playa.

3. A Ricardo le gustan _____ los lugares turísticos.

4. _____ a Elvira _____ a Ricardo les gusta la vida nocturna.

5. Elvira _____ se queda en hoteles caros cuando viaja.

6. Ricardo _____ quiere visitar _____ lugar exótico.

3 **No me gusta nada** Después de la charla con sus compañeros, Ricardo se siente muy frustrado y todo le parece mal. Escucha las preguntas y di las respuestas negativas que daría Ricardo. Después, repite la respuesta correcta. Sigue el modelo.

> **modelo**
>
> *Tú escuchas:* ¿Quieres viajar en temporada alta o en temporada baja?
> *Tú lees:* no / ni... ni
> *Tú dices:* No quiero viajar ni en temporada alta ni en temporada baja.

1. no / ni... ni

2. no / ninguno

3. no / ni... tampoco

4. no / ni... ni

5. ninguna

6. no / nadie

7. no / ningún

5.3 The subjunctive in adjective clauses

1 **Los planes de Celia** Celia quiere ir de viaje a algún lugar exótico y le deja un mensaje en el contestador a Elisa, una amiga que trabaja en una agencia de viajes. Escucha el mensaje y complétalo con las partes que faltan.

Hola, Elisa:

Soy Celia y estoy planeando un viaje a un lugar exótico para conocer otra cultura. Quiero visitar un lugar

que no (1) _____. Me gustaría conocer culturas que (2) _____ y que

(3) _____ costumbres distintas a las nuestras. Lamentablemente, (4) _____

ahora mismo de vacaciones, así que tengo que viajar sola. Por eso, prefiero un viaje organizado con

un guía que hable español. Eso sí, que no (5) _____. Ya sabes, tampoco tengo tanto

dinero. ¡Ah! Quiero que (6) _____. Con tanto trabajo, necesito descansar un poco,

¿no? ¿Tienes algún folleto que pueda mirar para informarme más? Muchas gracias por tu ayuda.

2 **Cambiar** Escucha las oraciones afirmativas y transfórmalas en negativas. Sigue el modelo. Luego, repite la respuesta correcta.

> **modelo**
> *Tú escuchas:* Hay un hotel cerca de aquí que es económico.
> *Tú escribes:* No hay ningún hotel cerca de aquí que sea económico.

1. _____.
2. _____.
3. _____.
4. _____.
5. _____.

3 **Oferta** Contesta las preguntas de Natalia sobre el viaje en oferta que le recomendó la agencia de viajes. Sigue el modelo. Después, repite la respuesta correcta.

> **modelo**
> *Tú escuchas:* Hay museos que puedo visitar, ¿verdad?
> *Tú lees:* no / ningún
> *Tú dices:* No, no hay ningún museo que puedas visitar.

1. sí / varias personas
2. no / ningún instructor
3. no / nunca
4. sí / muchos turistas

5. no / jamás
6. sí / varios
7. no / ni un solo guía
8. no / ningún crucero

VOCABULARIO

Ahora escucharás el vocabulario que está al final de esta lección en tu libro de texto. Escucha con atención cada palabra o expresión y después repítela.

Lab Manual

Nombre _____ Fecha _____

CONTEXTOS

1 Identificación
Escucha el siguiente segmento de un programa de noticias. Después, marca las palabras de la lista que se mencionan.

_____ arrecife   _____ olas

_____ costas   _____ relámpagos

_____ sequía   _____ río

_____ huracán   _____ tormentas

_____ inundaciones   _____ truenos

2 El medio ambiente
La universidad ha organizado tres programas para los estudiantes interesados en conservar y proteger el medio ambiente. Indica a qué programa pertenecen los datos en la tabla.

Datos del programa	Energía limpia	Mar azul	No a la crueldad
1. Buscar alternativas a la energía eléctrica			
2. Mejorar las condiciones para los animales de consumo humano			
3. Educar al público en general			
4. Protección y conservación de especies marinas			
5. Pedir apoyo del gobierno			
6. Vigilar la limpieza de playas y costas			

3 Para un mundo mejor
Vuelve a escuchar la información sobre los programas medioambientales para voluntarios de la **actividad 2**, y después completa las oraciones.

1. El primer programa se ocupará de organizar _____.

2. El segundo programa es para _____.

3. Explicarán a los empresarios los peligros de _____ en nuestras aguas.

4. Los voluntarios formarán equipos para _____.

5. El tercer programa está dirigido por _____.

6. La mayoría de sus colaboradores están en contra del _____.

Lab Manual

ESTRUCTURA

6.1 The future

1 **El futuro** Escucha las predicciones del futurólogo Rapel e indica si cada afirmación es **cierta** o **falsa**.

Cierto Falso Los bosques

❑ ❑ 1. Desaparecerán casi por completo.

❑ ❑ 2. No tendrán animales.

❑ ❑ 3. Serán como un desierto.

❑ ❑ 4. Tendrán muchos pájaros.

Los océanos

❑ ❑ 5. Los mares se quedarán sin agua.

❑ ❑ 6. Los océanos se contaminarán.

❑ ❑ 7. No habrá playas limpias.

❑ ❑ 8. El agua estará llena de basura.

Los seres humanos

❑ ❑ 9. Destruirán la naturaleza completamente.

❑ ❑ 10. No saldrán a pasear.

❑ ❑ 11. Vivirán felices.

❑ ❑ 12. No viajarán a otros lugares.

2 **Cambiar** Transforma cada oración usando el pronombre que ves como sujeto. Después, repite la respuesta correcta.

> **modelo**
> *Tú escuchas:* Yo protegeré los animales de nuestros bosques.
> *Tú lees:* nosotros
> *Tú dices: Nosotros protegeremos los animales de nuestros bosques.*

1. ella   4. ellos

2. nosotros   5. usted

3. tú   6. yo

3 **División del trabajo** La presidenta de un grupo ambiental se queja de lo mal que se hizo todo el mes pasado. Respóndele con oraciones completas. Después, repite la respuesta correcta.

> **modelo**
> *Tú escuchas:* ¡Nadie tomó nota en la última reunión!
> *Tú lees:* de ahora en adelante / Mariana
> *Tú dices: De ahora en adelante, Mariana tomará nota.*

1. esta noche / los nuevos miembros

2. este viernes / yo / también

3. la semana que viene / nosotras

4. en el futuro / tiempo / varias presentaciones

5. la próxima vez / tú

6. el mes que viene / todo

Lab Manual

6.2 The subjunctive in adverbial clauses

1 **Voluntarios para salvar el mundo** Lupita trabaja para una organización ecologista que está preparando un programa de educación medioambiental en las escuelas secundarias. Escúchala y luego completa lo que dice con la información correcta.

Hola, chicos: Soy Lupita y trabajo para la organización ecologista *Jóvenes verdes*. Hoy quiero hablarles de los problemas que tiene el planeta. En primer lugar, el agua será un recurso escaso en las próximas décadas (1) _____ serias medidas al respecto. También debemos proteger los mares y los océanos (2) _____ porque su supervivencia es fundamental para el ecosistema. (3) _____ los servicios de transporte público, nosotros tenemos que exigir (4) _____ de carros que usan combustible alternativo. No podemos seguir ensuciando el planeta sin que nuestra (5) _____. Es necesario tomar medidas drásticas (6) _____. Aunque las medidas para cuidar (7) _____ difíciles de poner en práctica, lo cierto es que nuestro futuro depende de nuestras acciones. Mientras nosotros (8) _____ numerosas especies irán desapareciendo y por eso debemos actuar inmediatamente.

2 **¿Es eso lógico?** Lupita está preparando un folleto en el que se explica cómo cuidar el medio ambiente. Escucha sus ideas e indica si son **lógicas** o **ilógicas**.

Lógica	Ilógica
1. _____	_____
2. _____	_____
3. _____	_____
4. _____	_____
5. _____	_____
6. _____	_____
7. _____	_____
8. _____	_____

3 **¿Soy ecologista?** Escucha las preguntas y contesta usando las conjunciones indicadas.

> **modelo**
> *Tú escuchas:* ¿Utilizas el transporte público o prefieres el carro?
> *Tú lees:* a menos que / no ser posible
> *Tú dices:* Utilizo el transporte público a menos que no sea posible.

1. aunque / querer hacer más
2. para que / generar menos basura
3. antes de que / comenzar mi nuevo trabajo
4. tan pronto como / tener tiempo libre
5. antes de que / perjudicar a seres vivos
6. siempre que / poder llegar a tiempo al trabajo

6.3 Prepositions: *a, hacia,* and *con*

1   **Al teléfono** Escucha la conversación telefónica de Mateo. Completa las oraciones con la información correcta.

1. Mateo llama para _____

   a. hablar con la abuela.   b. hablar contigo.   c. hablarle a su madre.

2. Hace varios días la abuela no _____

   a. le habla a su madre.   b. habla con su hija.   c. habla con su esposo.

3. La abuela dice que la llamen _____

   a. hacia las ocho.   b. a las ocho.   c. a las 7.

4. Mateo quiere ir _____

   a. hacia la isla Culebra.   b. a la isla Culebra.   c. con la culebra.

5. La abuela y el abuelo caminaban todos los días _____

   a. hacia la playa.   b. a la playa.   c. con su hija.

2   **Un viaje diferente** Completa las oraciones con las preposiciones **a, hacia** o **con**. Utiliza la información entre paréntesis. Sigue el modelo. Luego, repite la respuesta correcta.

> **modelo**
> *Tú escuchas:* Puedes disfrutar del viaje
> *Tú lees:* las personas que más quieres
> *Tú dices:* Puedes disfrutar del viaje con las personas que más quieres.

1. (nuevos destinos)
2. (un público que quiera arriesgarse)
3. (los turistas en contacto con la naturaleza)
4. (cuidar los recursos naturales)
5. (varios países de Suramérica)
6. (una cadena de albergues con todas las comodidades)
7. (muchas personas de otros países)
8. (otros países del Caribe)
9. (amigos o en familia)
10. (nosotros)

VOCABULARIO

Ahora escucharás el vocabulario que está al final de esta lección en tu libro de texto. Escucha con atención cada palabra o expresión y después repítela.

Lab Manual

CONTEXTOS

Lección 7
La tecnología y la ciencia

1 **Identificación** Escucha unas definiciones de palabras relacionadas con la tecnología y la ciencia, y escribe el número de cada una junto a la palabra correspondiente.

_____ a. buscador   _____ f. extraterrestres
_____ b. células   _____ g. arroba
_____ c. clonar   _____ h. patente
_____ d. contraseña   _____ i. telescopio
_____ e. descubrimiento   _____ j. teoría

2 **¿Para bien o para mal?** Escucha las oraciones y determina si se refieren a un descubrimiento o invento positivo o negativo. Luego, escribe el nombre del invento o descubrimiento en la columna apropiada.

modelo

Tú escuchas: Se ha descubierto una cura para el cáncer.
Tú escribes: Cura para el cáncer en la columna de Positivo

POSITIVO	NEGATIVO
1. _____	_____
2. _____	_____
3. _____	_____
4. _____	_____
5. _____	_____

3 **Transformar** Escucha cada oración y luego explica las intenciones de cada persona usando una de estas expresiones. Después, repite la respuesta correcta. *(6 items)*

modelo

Tú escuchas: Teresa quiere viajar por el espacio y llegar a la Luna.
Tú lees: ser astronauta
Tú dices: Teresa quiere ser astronauta.

alcanzar el último nivel	pedir una contraseña
buscar una cámara digital	subir un archivo a la red
comprar una computadora portátil	trabajar como matemática
desarrollar un nuevo reproductor de MP3	usar un corrector ortográfico

Lab Manual

ESTRUCTURA

7.1 The present perfect

1 **Prácticas en el laboratorio** Germán y Soraya son estudiantes que están haciendo prácticas en un laboratorio de investigación científica. Escucha su conversación sobre sus actividades de esta mañana e indica quién —Soraya, Germán o su amigo Luis— ha hecho cada una.

_____ 1. Ha mandado correos electrónicos y ha navegado en la red.

_____ 2. Ha descargado y guardado documentación para un trabajo de investigación.

_____ 3. Ha hablado por teléfono y ha hecho fotocopias.

_____ 4. Ha leído las lecturas para la clase de biología.

_____ 5. Ha trabajado en un nuevo invento que quiere patentar.

_____ 6. Sólo ha desayunado un yogur.

2 **Un robot que limpia la casa** Luis Pérez acaba de patentar un robot que limpia la casa. Escucha la entrevista que le hacen sobre su invento e indica si las oraciones son **ciertas** o **falsas**. Corrige las falsas.

Cierto	Falso	
❑	❑	1. Luis cree que ha diseñado el invento del siglo XXI.
		_____
❑	❑	2. Luis ha trabajado cinco años en su invento.
		_____
❑	❑	3. Luis ha recibido el apoyo de su familia y sus amigos.
		_____
❑	❑	4. A Luis le han hecho varias ofertas de compra de la patente.
		_____
❑	❑	5. Luis ya ha vendido la patente.
		_____
❑	❑	6. Algunas personas en los Estados Unidos le han ofrecido a Luis una beca (*scholarship*).
		_____

3 **Experiencias con la tecnología** Contesta las preguntas que vas a escuchar sobre tus experiencias con la tecnología. Utiliza el pretérito perfecto. Después, repite la respuesta correcta.

> **modelo**
> *Tú escuchas:* ¿Alguna vez has comprado libros en Internet?
> *Tú lees:* No, nunca
> *Tú dices:* No, nunca he comprado libros en Internet.

1. No, nunca

2. Sí

3. Sí, tres

4. No, nunca

5. No, nunca

6. Sí

Lab Manual

7.2 The past perfect

1 Una simple cuestión de gustos Marta y Carlos están en un laboratorio de genética esperando su turno con el asesor genético para determinar qué tipo de bebé les gustaría tener. Escucha su conversación y después determina si cada una de las oraciones es **cierta** o **falsa**, según lo que escuches.

Cierto Falso

❑ ❑ 1. Marta todavía no había decidido que quería una niña con ojos negros antes de llegar al laboratorio.

❑ ❑ 2. Carlos había empezado a pensar en las consecuencias meses antes de la consulta.

❑ ❑ 3. El asesor genético les había dicho que no podían elegir lo que quisieran.

❑ ❑ 4. La pareja había decidido tener el bebé la semana anterior.

❑ ❑ 5. Marta dijo que un bebé había nacido con una sonrisa maravillosa.

❑ ❑ 6. Marta le explicó a Carlos que los métodos científicos habían mejorado muchísimo en los últimos años.

2 ¿Qué habías hecho? ¿Te acuerdas de los momentos importantes de tu vida? Escucha las preguntas y responde si ya habías hecho esas cosas en el año indicado.

> **modelo**
>
> *Tú escuchas:* ¿Ya habías nacido?
> *Tú lees:* En 1992,
> *Tú escribes:* yo ya **había nacido**.

1. En 1994, _____
2. En 1999, _____
3. En 2000, _____
4. En 2003, _____
5. En 2008, _____
6. En 2009, _____

3 ¿Cuándo había pasado? Corrige las oraciones sobre las fechas en que estas personas realizaron obras e inventos. Utiliza el pretérito y el pluscuamperfecto. Sigue el modelo y, después, repite la respuesta correcta.

> **modelo**
>
> *Tú escuchas:* Samuel Morse inventó el código Morse en 1938.
> *Tú lees:* Samuel Morse: código Morse (1935) / telégrafo (1938)
> *Tú dices:* No, Samuel Morse inventó el telégrafo en 1938. Ya había inventado el código Morse en 1935.

1. Thomas Edison: fonógrafo (1877) / bombilla (1879)
2. Miguel de Cervantes: *Don Quijote de la Mancha* (1605) / *La española inglesa* (1613)
3. Pablo Picasso: *Arlequín* (1917) / *Guernica* (1937)
4. Galileo: termómetro (1593) / telescopio (1609)
5. Nikola Tesla: control remoto (1893) / radio (1897)

Lab Manual

7.3 Diminutives and augmentatives

1 **Una mascota muy especial** Cristina y Esteban van a una clínica veterinaria experimental para pedir que les hagan una mascota (*pet*) original. Escucha su conversación e indica si las oraciones son ciertas o falsas.

Cierto	Falso	
❑	❑	1. Cristina quiere que le preparen un "perrogatito".
❑	❑	2. Esteban quiere una mascota con unas orejas chiquititas.
❑	❑	3. A Cristina le encantan las mascotas con ojazos grandotes.
❑	❑	4. Esteban vio una mascota con dientecitos pequeñitos.
❑	❑	5. Esteban quiere una mascota con narizota grande y patas pequeñitas.
❑	❑	6. Cristina y Esteban no pueden decidir cómo será el carácter de su mascota.

2 **Comentarios** Escucha los comentarios de cuatro personas sobre los experimentos con animales. Indica si están a favor o en contra, e identifica los aumentativos o diminutivos que usa cada uno. Luego, escribe tu opinión sobre este tema.

	De acuerdo	En desacuerdo	Aumentativos/Diminutivos
Esteban	❑	❑	_____
Teresa	❑	❑	_____
Pedro	❑	❑	_____
Gabriela	❑	❑	_____

Mi opinión: _____

_____

3 **Lo nunca visto** Cristina te va a dar una descripción de lo que ve por la calle. Escucha lo que dice Cristina y escribe comentarios usando aumentativos y diminutivos.

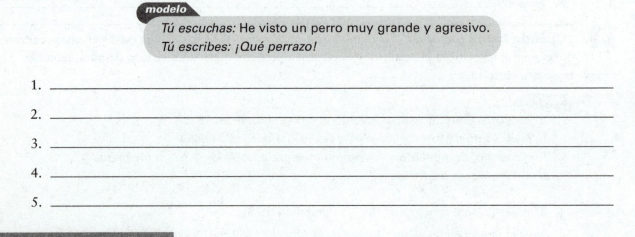

modelo

Tú escuchas: He visto un perro muy grande y agresivo.
Tú escribes: ¡Qué perrazo!

1. _____

2. _____

3. _____

4. _____

5. _____

VOCABULARIO

Ahora escucharás el vocabulario que está al final de esta lección en tu libro de texto. Escucha con atención cada palabra o expresión y después repítela.

Lab Manual

CONTEXTOS

Lección 8
La economía y el trabajo

1 **Identificación** Escucha unas definiciones relacionadas con la economía y el trabajo, y elige la palabra que corresponde a cada una.

1. a. aumento   b. gerente
2. a. deuda   b. contrato
3. a. despedir   b. gastar
4. a. empleo   b. conferencia
5. a. bancarrota   b. reunión
6. a. bolsa de valores   b. presupuesto
7. a. jubilarse   b. contratar
8. a. sueldo   b. sindicato
9. a. currículum vitae   b. entrevista de trabajo
10. a. cobrar   b. solicitar

2 **¿Quién lo dijo?** Escucha lo que dicen cinco personas sobre el trabajo y escribe el número del comentario al lado de la persona que lo dice.

_____ a. vendedor(a)   _____ e. dueño/a

_____ b. asesor(a)   _____ f. desempleado/a

_____ c. periodista   _____ g. socio/a

_____ d. empleado/a de banco   _____ h. ejecutivo/a

3 **Intérprete** Jason es un estudiante extranjero en tu clase de economía. Contesta sus preguntas y, después, repite la respuesta correcta. (6 *items*)

modelo

Tú escuchas: ¿Cómo se llama la persona que toma las decisiones en una empresa?
Tú lees: gerente
Tú dices: Un gerente toma las decisiones en una empresa.

contador	empleado
cuenta corriente	empresa multinacional
desempleado	sindicato
deuda	tarjeta de crédito
ejecutivo	vendedor

Lab Manual

ESTRUCTURA

8.1 The conditional

1 **Comentarios** Escucha los comentarios que hace Edgar sobre una entrevista de trabajo. Indica el tiempo correcto del verbo indicado.

	Condicional	Futuro	Pasado
1. ser			
2. llegar			
3. ser			
4. atender			
5. estar			
6. viajar			
7. pagar			
8. tener			
9. seguir			
10. elegir			

2 **Una entrevista de trabajo** Escucha la conversación entre Felipe y el entrevistador y, luego, marca si lo que afirman las oraciones es **cierto** o **falso**. Corrige las falsas.

Cierto Falso

❏ ❏ 1. A Felipe le importaría viajar.
_____

❏ ❏ 2. Felipe no trabajaría los fines de semana.
_____

❏ ❏ 3. A Felipe le gustaría tener un día libre.
_____

❏ ❏ 4. Felipe viviría en el campo.
_____

❏ ❏ 5. Felipe saludaría a todos sus compañeros.
_____

❏ ❏ 6. Felipe intentaría conocer bien a su jefe.
_____

3 **Tu propia entrevista** Imagina que vas a tener una entrevista para un trabajo muy interesante y necesitas prepararte bien. Contesta las preguntas sobre cómo te prepararías, usando el condicional. Después, escucha la respuesta correcta.

modelo
Tú escuchas: ¿Cómo irías a tu entrevista? ¿Caminando, en carro o en taxi?
Tú lees: mi propio carro
Tú dices: Iría en mi propio carro.

1. un traje formal   3. un rato antes   5. un sueldo determinado

2. mis estudios en el extranjero   4. de usted

Lab Manual

8.2 The past subjunctive

1 **Las finanzas** Primero, lee estos seis finales de oraciones sobre inversiones y bienes inmuebles (*real estate*). Luego, escucha los comentarios y escribe el número del principio más lógico para completar las oraciones.

_____ a. …invirtiera en la bolsa.

_____ b. …comprara una casa en las afueras de la ciudad.

_____ c. …tuvieran otro hijo.

_____ d. …abrieran también una empresa de exportación.

_____ e. …comprara también acciones (*shares*) en otras empresas para diversificar.

_____ f. …aprendieran a hablar chino.

2 **La huelga general** Escucha las peticiones de los sindicatos y los trabajadores. Después, completa cada oración usando el imperfecto del subjuntivo.

1. Los trabajadores demandaron que _____ el sueldo.

2. Los sindicatos exigieron que _____ mayor seguridad en el trabajo.

3. Luis Pérez pidió que _____ mejor las horas extraordinarias.

4. Marisa Canto pidió que _____ una guardería para los hijos de los empleados.

5. Los sindicatos exigieron que _____ dinero a programas sociales y educativos.

6. Los trabajadores del comedor reclamaron que _____ una cocina más moderna.

3 **Alta costura** Una joven y excéntrica condesa millonaria ha llegado a la tienda de Carolina Herrera donde tú trabajas de vendedor o vendedora. Escucha sus peticiones absurdas. Luego, di las cosas que te pidió que hicieras.

modelo

Tú escuchas: Te ordeno que cuides a mi perro.
Tú lees: ordenar / mi perro
Tú dices: La condesa me ordenó que cuidara a su perro.

1. pedir / atentamente
2. mandar / un café con un pedazo de torta de chocolate
3. decir / otra silla

4. pedir / Carolina Herrera
5. ordenar / las últimas creaciones
6. mandar / ropa

Lab Manual

8.3 *Si* clauses with simple tenses

1 **Futuro** Escucha las oraciones y termínalas con la respuesta más lógica.

1. a) iría a la oficina en taxi.
   b) llegaría más temprano a la oficina.

2. a) dormiría más por la mañana.
   b) mi trabajo sería más eficiente.

3. a) me ascenderían.
   b) me jubilaría.

4. a) renunciaré a mi puesto.
   b) aumentarán mi sueldo.

5. a) compraré una casa.
   b) trabajaré menos horas.

6. a) tendría que pedir una hipoteca al banco.
   b) tendría que contratar a un contador.

2 **Cómo casarse con un millonario** Escucha la conversación entre Valeria y su amiga Diana. Completa las oraciones con el tiempo adecuado. Luego, decide si son **ciertas** o **falsas.**

Cierto Falso

❑ ❑ 1. Si Valeria _____ (ganar) la lotería, viajaría a París.

❑ ❑ 2. Si fuera a las Bahamas, _____ (conocer) a un millonario.

❑ ❑ 3. Si Valeria _____ (conocer) a un millonario, iría de viaje con él.

❑ ❑ 4. Si _____ (casarse) con un millonario, Valeria seguiría escribiendo artículos.

❑ ❑ 5. Si fuera millonaria, Valeria siempre _____ (estar) tomando el sol.

❑ ❑ 6. Si Valeria viajara mucho, _____ (contratar) a un intérprete.

3 **¿Y tú?** Escucha las preguntas sobre situaciones presentes e hipotéticas y contesta con oraciones completas. Usa el presente y el condicional, según corresponda.

modelo

Tú escuchas: ¿Qué haces si en tu trabajo te ofrecen más responsabilidades sin un aumento de sueldo?
Tú lees: hablar con mi jefe
Tú dices: Si me ofrecen más responsabilidades sin un aumento, yo hablo con mi jefe.

Tú escuchas: ¿Cómo actuarías si en una ocasión te pagaran dos veces por error?
Tú lees: devolver la parte del dinero que no me corresponde
Tú dices: Si me pagaran dos veces por error, yo devolvería la parte del dinero que no me corresponde.

1. irse a vivir a la playa
2. pedir una aclaración amablemente
3. invertirlo en propiedades
4. recordarle el horario
5. recomendarle una escuela

VOCABULARIO

Ahora escucharás el vocabulario que está al final de esta lección en tu libro de texto. Escucha con atención cada palabra o expresión y después repítela.

CONTEXTOS

Lección 9
La cultura popular y los medios de comunicación

1 **Identificación** Escucha unas definiciones relacionadas con la cultura popular y los medios de comunicación y escribe el número de la definición al lado de la palabra correspondiente.

_____ a. estrellas

_____ b. chismes

_____ c. emisora

_____ d. anuncio

_____ e. noticias

_____ f. prensa sensacionalista

_____ g. presentador

_____ h. público

_____ i. telenovela

_____ j. titulares

2 **Programación televisiva** Escucha un anuncio de una cadena de televisión e indica qué programación televisiva corresponde a cada uno de los días indicados.

	Lun.	Mar.	Mié.	Jue.	Vie.	Sáb.	Dom.
1. Último episodio de la serie *Tigres*							
2. Chismes de sociedad							
3. Crónicas deportivas							
4. Reportaje sobre vidas de los grandes jugadores del fútbol							
5. Documental sobre cultura popular							
6. Revista semanal *Siete días*							
7. Noticias de las nueve							
8. Largometraje *Un día cualquiera*							

3 **Preguntas** Mira las imágenes y responde a las preguntas. Ayúdate con algunas de las palabras de la lista. Luego, escucha y repite la respuesta correcta.

episodio	noticias	publicidad	telenovela
locutor	periódico	reportero	televidente

1. 2. 3. 4.

Lab Manual

ESTRUCTURA

9.1 Present perfect subjunctive

1 **¡Qué nervios!** Imagina que eres el ayudante (*assistant*) de un actor de teatro que está muy nervioso el día del estreno. Escucha lo que dice el actor e intenta tranquilizarlo. Sigue el modelo.

> **modelo**
>
> *Tú escuchas:* ¡Qué nervios! Creo que se me ha olvidado el guión.
> *Tú escribes:* No creo que *se te haya olvidado* el guión.

1. No es verdad que _____ lo suficiente.

2. No creo que _____ de ti.

3. No es cierto que _____ de ti.

4. No es verdad que _____ en obras de teatro malísimas.

5. Es imposible que _____ a su fiesta.

6. Dudo que _____ tu actuación.

2 **El jefe mentiroso** Estás trabajando de ayudante para una publicación sensacionalista. Escucha cada chisme que menciona tu jefe y dile lo que piensas. Sigue el modelo. Después, repite la respuesta correcta.

> **modelo**
>
> *Tú escuchas:* Jon Bon Jovi se ha divorciado después de diez años de matrimonio.
> *Tú lees:* me extraña que
> *Tú dices:* *Me extraña que Jon Bon Jovi se* haya divorciado.

1. dudo que
2. no creo que
3. dudo que

4. es imposible que
5. no creo que
6. no pienso que

3 **¿Tú qué opinas?** Escucha las siguientes oraciones y luego forma una oración con el pretérito perfecto del indicativo o del subjuntivo, según corresponda. Sigue el modelo.

> **modelo**
>
> *Tú escuchas:* Antonio estudió muy poco para su examen.
> *Tú lees:* ¿Crees que Antonio aprobó el examen?
> *Tú dices:* Yo no creo que Antonio haya aprobado el examen.

1. ¿Crees que los contrataron para el periódico de la universidad?

2. ¿Crees que Juan Carlos dijo la verdad en su artículo?

3. ¿Crees que Carolina vio el documental sobre la lengua guaraní?

4. ¿Crees que Jesús tuvo una buena presentación en su recital?

5. ¿Crees que Julia y Diana leyeron los últimos chismes en esa revista del corazón?

6. ¿Crees que la abuela de Marcela fue actriz de teatro?

9.2 Relative pronouns

1 **Decisiones** Las directivas de un periódico nacional se han reunido para tomar algunas decisiones. Escucha lo que ocurre en la reunión y selecciona la mejor opción.

1. a. Cambiaremos los titulares de la portada, los cuales serán más grandes.
   b. Cambiaremos la portada, que será más grande.

2. a. Los redactores, quienes están cansados, serán despedidos.
   b. Los redactores, quienes están cansados, se irán de vacaciones por un mes.

3. a. Aumentaremos los espacios de publicidad, que está dando pérdidas.
   b. La publicidad, cuyas ganancias son altas, tendrá más espacio en el periódico.

4. a. Será contratado un nuevo crítico de cine, quien debe tener experiencia.
   b. El nuevo crítico de cine, quien tiene experiencia, será puesto a prueba.

5. a. El periodista, cuyo punto de vista no es imparcial, será despedido.
   b. El periodista, quien no ha sido honesto, será despedido.

6. a. Los lectores tendrán descuentos en la suscripción del periódico, la cual deberá ser por un año.
   b. Los lectores que tengan suscripción por un año tendrán descuentos en algunas tiendas.

2 **Descripciones** Escucha las siguientes descripciones y luego forma una oración con el pronombre relativo en la secuencia indicada. Después, repite la respuesta correcta.

> **modelo**
>
> *Tú escuchas:* La banda sonora es divertida. La banda sonora la compré por Internet.
> *Tú lees:* que / divertida / Internet
> *Tú dices:* La banda sonora, que es muy divertida, la compré por Internet.

1. quien / diario / Chile
2. la cual / bastante joven / mala reputación
3. cuyo / contaminación / premio muy importante
4. que / controvertida / chismes de las celebridades
5. la cual / independiente / muy bien
6. el cual / viernes / muy emocionante

3 **La fama** Vas a escuchar unos comentarios sobre personas que trabajan en distintos medios de comunicación. Escúchalos y contesta las preguntas usando los pronombres relativos indicados. Después, repite la respuesta correcta.

> **modelo**
>
> *Tú escuchas:* La chica está allí sentada. Ella es la doble de una famosa cantante latina.
> *Tú lees:* ¿Quién es la doble de la cantante latina? *(que)*
> *Tú dices:* Es la chica que está allí sentada.

1. ¿De qué reportero famoso están hablando? *(cuyo)*
2. ¿De qué crítico de cine están hablando? *(con quien)*
3. ¿Qué emisora se ha hecho popular entre la comunidad latina? *(que)*
4. ¿Quién es el chico atractivo? *(a quien)*
5. ¿Qué fotografías mandaste? *(cuyos)*

Lab Manual

9.3 The neuter *lo*

1 **Los placeres del mate** Rosana ha preparado una presentación sobre el mate para una de sus clases. Escucha un fragmento de su presentación y después indica si las oraciones son **ciertas** o **falsas**.

Cierto	Falso	
☐	☐	1. Lo mejor del mate es que no te deja dormir por la noche.
☐	☐	2. Lo peor del mate es que te acostumbras a él y luego ya no puedes vivir sin él.
☐	☐	3. Lo que más le gusta del mate a Rosana es que no se comparte.
☐	☐	4. Rosana dice que una buena razón para tomarlo es lo delicioso que es.
☐	☐	5. Rosana destaca lo fácil que es preparar una mateada.
☐	☐	6. El padre de Rosana decía que lo más importante del mate es que simboliza amistad.

2 **Acción de Gracias** Ahora piensa en las tradiciones del día de Acción de Gracias (*Thanksgiving*). Escucha lo que una persona opina sobre esta fiesta y dile que estás de acuerdo. Después, repite la respuesta correcta.

> **modelo**
>
> *Tú escuchas:* En la celebración de Acción de Gracias es importante que el pavo sea grande.
> *Tú dices:* Sí, eso es lo más importante.

3 **Reacciones** Escucha los comentarios y responde a ellos siguiendo el modelo.

> **modelo**
>
> *Tú escuchas:* Qué joven es Carlos.
> *Tú lees:* sorprenderme
> *Tú dices:* Me sorprende lo joven que es.

1. molestarme   2. no poder creer   3. gustarme   4. ser sorprendente   5. ser increíble

VOCABULARIO

Ahora escucharás el vocabulario que está al final de esta lección en tu libro de texto. Escucha con atención cada palabra o expresión y después repítela.

CONTEXTOS

1   **Una pareja compatible** Graciela y Paulino son personas creativas. Escucha las afirmaciones sobre ellos e indica si cada una es **cierta** o **falsa**, según la ilustración.

Graciela

Paulino

	Cierto	Falso
1.	❑	❑
2.	❑	❑
3.	❑	❑
4.	❑	❑
5.	❑	❑

2   **¿Cuánto sabes?** ¿Sabes mucho sobre arte? ¿Y sobre literatura? Para medir tus conocimientos, escucha las preguntas del narrador y elige la respuesta que te parezca más lógica y apropiada para cada pregunta.

1. a) Significa que la pintura muestra plantas y animales muertos.

    b) Significa que la pintura muestra imágenes de la naturaleza sin movimiento.

2. a) Contar los sucesos principales que tienen lugar en una narración.

    b) Describir detalladamente al protagonista de una narración.

3. a) Hablamos de alguien que vive durante el mismo período en el que vivimos nosotros.

    b) Nos referimos a una persona que siempre hace las cosas con tiempo.

4. a) Es una imagen del artista que pinta el retrato.

    b) Es una imagen abstracta de un sujeto.

5. a) Casi siempre tiene una heroína que lucha por una causa social.

    b) Suele tener una protagonista que tiene que vencer varios obstáculos para conseguir el amor de su vida. La historia termina con un final feliz.

3   **Hablando de literatura** Corrige las oraciones con las palabras adecuadas. Después, repite las oraciones.

> **modelo**
>
> *Tú escuchas:* El protagonista de la novela de terror es un niño.
> *Tú lees:* novela policíaca
> *Tú dices:* El protagonista de la novela policíaca es un niño.

1. la naturaleza muerta   4. versos

2. narrar   5. humorística

3. expresionista

Lab Manual

ESTRUCTURA

10.1 The future perfect

1 **La galería de arte** Escucha lo que Armando le dice a su jefa, Manuela, y completa las oraciones.

1. Para el martes, Armando ya _____ las invitaciones por correo electrónico.

2. Ramón _____ los dos últimos cuadros para el mes de octubre.

3. Lucía _____ su última escultura antes de la Navidad.

4. Emilio _____ sus problemas personales para enero o febrero

   y _____ los retratos para la exposición de la primavera.

5. Armando y Manuela _____ otras obras para la exposición.

2 **¿Qué habrá pasado?** Escucha lo que sucedió en la exposición y explica lo que habrá pasado en cada caso, según la información indicada. Luego, escucha y repite la respuesta correcta.

> **modelo**
> *Tú escuchas:* Manuela cerró la galería de arte.
> *Tú lees:* tener problemas económicos
> *Tú dices:* Probablemente **habrá tenido** problemas económicos.

1. estar muy ocupado
2. romperse una pierna
3. tener que operarse la pierna

4. no resolver sus problemas personales
5. no haber pintores buenos
6. hacer planes precipitados

3 **Una escritora ocupada** Escucha la conversación telefónica entre la escritora Margarita Silva y el jefe de redacción del periódico para el que ella escribe. Después, indica si las oraciones son **ciertas** o **falsas**. Corrige las falsas.

Cierto	Falso	
❑	❑	1. Margarita habrá terminado su columna semanal para el sábado.
❑	❑	2. A los lectores les interesó el artículo de Margarita.
❑	❑	3. El jefe piensa que los artículos satíricos son aburridos.
❑	❑	4. Cuando vaya de viaje a Valparaíso, Margarita ya habrá enviado la novela.
❑	❑	5. Margarita desea haber hecho un buen trabajo.

Lab Manual

10.2 The conditional perfect

1   **La vida bohemia** Escucha lo que dice Arturo y ordena estas oraciones cronológicamente.

_____ a. Envió un cuento a un periódico y lo publicaron con el nombre de otro escritor.

_____ b. Le regaló una escultura a una amiga y ella se la vendió a un coleccionista de arte.

_____ c. Escribió una canción, pero su amigo no reconoció sus derechos de autor.

_____ d. Le prometieron exhibir sus cuadros en una galería, pero cambiaron de opinión.

_____ e. Lo contrataron para dar un concierto y lo cancelaron al día siguiente.

2   **Todo podría haber sido distinto** Lee el comienzo de estas oraciones. Después, vuelve a escuchar lo que dice Arturo y completa las oraciones escribiendo lo que podría haber sucedido. Usa el condicional perfecto.

1. Si Arturo hubiera exhibido sus obras en la galería de arte, _habría podido vender un montón de cuadros._

2. Si el concierto no se hubiera cancelado, _____.

3. Si su amiga no hubiera vendido la escultura de Arturo, _____.

4. Si Arturo no hubiera enviado el cuento al periódico, _____.

5. Si Arturo no hubiera escrito una canción para su amigo, _____.

3   **¿Qué habrías hecho tú?** Emilio te va a explicar lo que hizo en varias situaciones. Escúchalo y di qué habrías hecho tú en su lugar, de acuerdo con la información dada. Después, repite la respuesta correcta.

> **modelo**
>
> *Tú escuchas:* Mis amigos me regalaron entradas para ver una obra de teatro, pero yo no las acepté.
>
> *Tú lees:* sin problema
>
> *Tú dices: En su lugar, yo las habría aceptado sin problema.*

1. ir sin pensarlo un instante

2. colgar en la pared de mi habitación

3. leer en sólo una noche

4. preparar para la cena

5. llegar a tiempo

6. escuchar en mi computadora nueva

Lab Manual

10.3 The past perfect subjunctive

1 **Críticas negativas** Todo el mundo se queja de algo en una exposición de cuadros. Escucha los comentarios de algunas personas y completa las oraciones usando el pluscuamperfecto del subjuntivo.

> **modelo**
>
> *Tú escuchas:* A Ramón no le gusta que haya asistido tanta gente a la exposición.
> *Tú escribes:* A Ramón *no le gustó* que *hubiera asistido* tanta gente a la exposición.

1. A Emilio _____ que _____ tantos problemas con las bebidas.

2. Al señor y a la señora Ramírez no _____ bien que se _____ tanto espacio a las esculturas.

3. A la recepcionista _____ que no _____ a otro ayudante.

4. Los artistas _____ miedo de que sus obras no se _____ contra posibles robos.

5. Al representante del servicio de comida no _____ que _____ tantos invitados antes de la hora prevista.

6. Al dibujante _____ que no se _____ mejor el espacio en la galería.

2 **¿Cómo fue la exposición?** Escucha las oraciones incompletas y complétalas utilizando la información dada. Después, escucha y repite la respuesta correcta.

> **modelo**
>
> *Tú escuchas:* Cuando llegué allí, me molestó que no...
> *Tú lees:* servir / nada de comer
> *Tú dices:* Cuando llegué allí, me molestó que no hubieran servido nada de comer.

1. artistas / no estar / presentes _____

2. no haber / suficientes obras _____

3. no costar / mucho dinero _____

4. ser / una escuela de arte anteriormente _____

VOCABULARIO

Ahora escucharás el vocabulario que está al final de esta lección en tu libro de texto. Escucha con atención cada palabra o expresión y después repítela.

Lab Manual

CONTEXTOS

1 **Noticias** Escucha el siguiente resumen de noticias y, después, marca las palabras de la lista que se mencionan.

_____ aprobar   _____ líder

_____ ateos   _____ luchar

_____ campaña   _____ votar

_____ creencia   _____ rechazar

_____ inscribirse   _____ senador

2 **La noticia** Escucha otra vez la noticia de la **actividad 1** y completa las oraciones.

1. Ramón Pastor es el _____ del partido liberal.
   a. presidente   b. secretario   c. vicepresidente

2. Mario Rodríguez se ha reunido hoy para _____ contra la desigualdad en el mundo del trabajo.
   a. dar un discurso   b. manifestarse   c. hablar de una campaña

3. Quieren organizar una campaña (*campaign*) por la igualdad de derechos para _____.
   a. todos los niños   b. todos los trabajadores   c. las mujeres

4. El senador cree que el Congreso tiene que aprobar la ley, porque es _____ de mucha importancia para todos.
   a. un tema   b. un escándalo   c. una crueldad

5. Se debe aprobar la ley antes de que _____.
   a. haya elecciones   b. pasen los años   c. termine el año

3 **Los candidatos** Hay dos finalistas para el puesto de presidente estudiantil en tu universidad: Rosa Martínez y Eusebio Roma. Escucha sus presentaciones y, después, completa las oraciones.

1. Rosa Martínez quiere dedicarse a mejorar _____

_____

2. Ella quiere conseguirlo con _____

_____

3. Eusebio Roma quiere terminar con _____

_____

4. Según Eusebio, él está comprometido a _____

_____

5. Él no va a permitir que ningún miembro de la administración _____

_____

6. Las elecciones van a ser el martes _____

Lab Manual

ESTRUCTURA

11.1 The passive voice

1 **Transfórmalas** Escucha las siguientes oraciones en voz pasiva y escríbelas en voz activa. Sigue el modelo.

modelo
> *Tú escuchas:* La mejor película del año fue dirigida por Alfonso Cuarón.
> *Tú lees:* mejor película / Alfonso Cuarón
> *Tú dices: Alfonso Cuarón dirigió la mejor película del año.*

1. locutor / noticia
2. canción / cantante española
3. video musical / director
4. documental / periodista
5. artículo / jefe de la sección deportiva

2 **La campaña** Escucha a Pilar mientras te lee una lista de sucesos; toma notas, y luego di qué sucedió, usando la forma pasiva. Después, repite la respuesta correcta.

modelo
> *Tú escuchas:* Los estudiantes escucharon a los candidatos.
> *Tú lees:* estudiantes / candidatos
> *Tú dices: Los candidatos fueron escuchados por los estudiantes.*

1. candidatos / discursos
2. presidente de la universidad / la candidatura de Rosa Martínez
3. Eusebio Roma / la protesta contra la discriminación racial
4. Rosa Martínez / los panfletos sobre la tolerancia
5. los estudiantes / los senadores en el aeropuerto
6. la presidenta de la universidad / la fecha para las elecciones

3 **¿Un buen o mal político?** Un político recién electo habla en una rueda de prensa sobre cinco temas importantes para el país. Escucha sus comentarios y decide si son propios de un buen político o un mal político. Después, anota el verbo que está en voz pasiva.

1. buen político / mal político _____
2. buen político / mal político _____
3. buen político / mal político _____
4. buen político / mal político _____
5. buen político / mal político _____

11.2 Uses of *se*

1 **Una situación complicada** Amelia cuenta lo que les pasó a dos amigos suyos mientras esperaban su turno para votar en estas últimas elecciones. Escucha su historia y después determina si estas oraciones son **ciertas** o **falsas**.

Cierto **Falso**

❑ ❑ 1. Al llegar al centro, los amigos de Amelia se pusieron en la cola.

❑ ❑ 2. No se les pidió que mostraran su documentación en ningún momento.

❑ ❑ 3. Se les informó que no podían votar por no ser ciudadanos.

❑ ❑ 4. A los responsables del centro se les rompieron las computadoras.

❑ ❑ 5. Después, se les prohibió la entrada al centro a todas las personas.

❑ ❑ 6. El periódico local no se enteró de la noticia.

❑ ❑ 7. Se criticó a los responsables del centro por su falta de organización.

❑ ❑ 8. Los amigos de Amelia se tuvieron que marchar sin poder votar.

2 **Un poco de imaginación** Escucha a Roberto y luego termina sus oraciones de forma lógica, usando *se* para expresar eventos inesperados.

> **modelo**
>
> *Tú escuchas:* Ese día estaba tranquilo en mi casa, cuando de repente me di cuenta de que...
> *Tú lees:* olvidar / ir / protesta
> *Tú dices: se me olvidó que tenía que ir a la protesta estudiantil.*

1. perder / llaves
2. caer / libros
3. quedar / cartel / casa
4. acabar / batería / carro
5. olvidar / razón / protesta

3 **Decisiones políticas** Escucha algunos comentarios del primer ministro sobre las últimas decisiones del gobierno. Luego, escríbelos usando oraciones con *se*.

1. _____ la nueva ley contra la violencia familiar.

2. _____ el presupuesto del estado.

3. _____ a los sindicatos.

4. _____ en una audiencia a los ecologistas.

5. _____ Mario Prada, el periodista más controvertido del momento, en el Palacio Presidencial.

6. _____ a los senadores por votación popular.

Lab Manual

11.3 Prepositions: *de, desde, en, entre, hasta, sin*

1

¿Creer o no creer? Escucha el comienzo de cinco oraciones que hablan de las religiones y escribe en la primera columna el número adecuado para identificar a qué final corresponde cada una. Luego, escribe en la tercera columna a qué religión o creencia se refieren.

Comienzo	Final	Religión
_____	a. desde nuestra casa a la sinagoga.	_____ budista
_____	b. Dios.	_____ musulmana
_____	c. hasta la noche.	_____ atea
_____	d. sin leer la Biblia.	_____ cristiana
_____	e. entre sus seguidores.	_____ judía

2

La Semana Santa Un profesor les habla a los estudiantes de la Semana Santa (*Holy Week*) en España. Escucha lo que dice y completa este fragmento.

En España, la mayoría (1) _____ es católica y hay varias celebraciones y fiestas religiosas

muy importantes, como la Semana Santa... Si visitan las ciudades españolas (2) _____,

pueden ver muchas procesiones (3) _____ las imágenes o estatuas de las vírgenes y

santos salen a la calle... Hay personas que son muy devotas (4) _____, como la Virgen

de la Macarena o el Señor del Gran Poder, y cuando pasan las imágenes de algunos de ellos

(5) _____, las personas devotas les cantan canciones, que se llaman saetas.

También hay una procesión para niños con (6) _____ "La Borriquita".

Los niños salen acompañando a la imagen de Jesús con una borriquita, que es un burro pequeño.

Esta imagen es muy popular (7) _____. Durante la Semana Santa, las calles

(8) _____ procesiones y bandas (9) _____. No se puede imaginar una

(10) _____ procesiones, flores o música religiosa. En Sevilla, por ejemplo, la Semana

Santa es muy pintoresca y es una tradición (11) _____. Personas de todas partes del país

(12) _____ Sevilla para pasar esas fiestas (13) _____ y familiares.

VOCABULARIO

Ahora escucharás el vocabulario que está al final de esta lección en tu libro de texto. Escucha con atención cada palabra o expresión y después repítela.

CONTEXTOS

Lección 12
La historia y la civilización

1 **Identificación** Escucha las descripciones relacionadas con la historia y, para cada una, escribe la palabra o expresión adecuada. Hay palabras que no necesitarás.

conocimiento	esclavitud	sabiduría
derrocar	herencia cultural	siglo
ejército	oprimir	soldado

1. _____
2. _____
3. _____
4. _____
5. _____
6. _____

2 **Preguntas** Escucha la pregunta y, luego, elige y di cuál es la respuesta correcta.

modelo

Tú escuchas: ¿Qué significa la palabra "habitar"?
Tú lees: a. "Habitar" es pensar. b. "Habitar" es sinónimo de "vivir".
Tú dices: "Habitar" es sinónimo de vivir.

1. a) Escribe sobre los eventos del pasado de la humanidad.
   b) Gobierna un reino.

2. a) Significa "persona que ha vencido".
   b) Significa "que tiene poder".

3. a) Es un territorio sometido a un rey.
   b) Es un país que no depende de ningún otro.

4. a) un dictador.
   b) un monarca.

5. a) un país sometido a una tiranía.
   b) un país que no está alterado por guerras o disturbios.

6. a) Vencer o ganar en un enfrentamiento.
   b) Hacer que algo o alguien quede libre.

3 **Completar** Escucha la información sobre estos personajes históricos. Completa las palabras que falten.

La (1) _____ de Suramérica cuenta con dos hombres muy importantes: Simón Bolívar y José de San Martín. La lucha de ambos tuvo como resultado la (2) _____ de varios países latinoamericanos, después de largas (3) _____ en diferentes territorios. Bolívar (4) _____ Bolivia, Colombia, Ecuador y Venezuela, mientras que San Martín triunfó en Argentina y Chile. La liberación de Perú fue un trabajo mutuo. Además de las guerras, estos héroes latinos enfrentaron la (5) _____ de estas naciones, que apenas salían del dominio del (6) _____ español. Aunque en varias ocasiones se vieron (7) _____, nunca (8) _____ ni dejaron de luchar por la libertad de estos países.

Lab Manual

ESTRUCTURA

12.1 Uses of the infinitive

1 **Instrucciones** Escucha las instrucciones que un guía le da a un grupo de turistas. Indica si usa el infinitivo o el infinitivo perfecto.

	Infinitivo	Infinitivo perfecto
1.		
2.		
3.		
4.		
5.		
6.		
7.		
8.		

2 **Consejos** Escucha los consejos que da un historiador para que conozcas un poco sobre tu país. Sigue el modelo. Después, escucha y repite la forma correcta de la oración.

> **modelo**
> *Tú escuchas:* Conoce la historia de tu país.
> *Tú lees:* ser fácil
> *Tú dices: Es fácil conocer la historia de tu país.*

1. es importante

2. necesitar

3. deber

4. ser bueno

5. poder

6. haber que

3 **Comentarios** Unos estudiantes de arqueología visitaron una excavación en Perú. Escucha los comentarios que algunos de ellos tienen sobre esta experiencia. Sigue el modelo. Luego, escucha y repite la forma correcta de la oración.

> **modelo**
> *Tú escuchas:* Llegamos de Perú.
> *Tú lees:* acabar de
> *Tú dices: Acabamos de llegar de Perú.*

1. tratar de

2. deber

3. tardar en

4. ir a

5. quedar en

12.2 Summary of the indicative

1 **El mundo** Escucha la oración o frase incompletas y, después, elige el final adecuado para cada una. Luego, escucha la respuesta correcta.

_____ 1. a. se convertirán en aliados para promover la paz.

   b. atacaron Canadá.

   c. viven en completa armonía.

_____ 2. a. son millonarios.

   b. disfrutaron de los mismos derechos.

   c. queremos vivir en paz.

_____ 3. a. cayó en noviembre de 1989.

   b. se construirá el año próximo.

   c. fue una construcción decorativa.

_____ 4. a. trajeron paz a los indígenas.

   b. destruyeron varias culturas.

   c. respetaron a las tribus que encontraron.

_____ 5. a. trae prosperidad a su pueblo.

   b. reprime a la población.

   c. viviría como rey.

_____ 6. a. es una ciudad moderna.

   b. será una magnífica construcción.

   c. es una sofisticada muestra de arquitectura.

2 **Ahora en indicativo** Escucha cada oración, lee cuándo tiene lugar la acción y cambia el tiempo verbal en indicativo. Sigue el modelo.

> **modelo**
>
> *Tú escuchas:* Carlos va al cine con sus amigos.
> *Tú lees:* la semana próxima
> *Tú dices: Carlos irá al cine con sus amigos.*

1. ahora

2. luego

3. mañana

4. ayer

5. quizá mañana

Lección 12 Lab Manual   **199**

Lab Manual

12.3 Summary of the subjunctive

1 **Nuestro futuro** Escucha unas observaciones incompletas e indica el final adecuado para cada una.

_____ 1. a. lucharan continuamente.
b. aprendieran a convivir en paz.
c. oprimieran a los más débiles.

_____ 2. a. en los países desarrollados.
b. en la Edad Media.
c. con un sistema de esclavitud.

_____ 3. a. haya más armonía entre los pueblos.
b. haya más educación.
c. haya tanto racismo.

_____ 4. a. hubiera menos conflictos mundiales.
b. hubiera tantas sanciones en el pasado.
c. hubiera más embajadores.

_____ 5. a. se termine la semana.
b. destruyamos el planeta con otra guerra mundial.
c. el guerrero se rinda.

2 **Elige** Escucha el comienzo de estas oraciones. Elige el tiempo perfecto correcto y, después, repite la respuesta correcta.

1. a. hubiera sido Da Vinci.   b. había sido Da Vinci.   c. haya sido Da Vinci.

2. a. habías hecho un esfuerzo.   b. no hubieras perdido el tiempo.   c. habrás logrado tus objetivos.

3. a. habría nacido   b. había vivido en la Edad Media.   c. habré conocido el futuro.
   en la prehistoria.

4. a. hayan visitado México.   b. habían conocido Ecuador.   c. han viajado por varios países.

5. a. había estado en Cuzco.   b. haya ido a Machu Picchu.   c. que no haya ido a Lima.

6. a. haya tenido un televisor.   b. hubiera vivido en 1969.   c. haya nacido en 1981.

3 **Preguntas** Escucha las preguntas y respóndelas en indicativo o subjuntivo usando las palabras que ves en el texto. Después, repite la respuesta correcta.

> **modelo**
>
> *Tú escuchas:* ¿Qué te gustó de la conferencia?
> *Tú lees:* hablar / sobre las culturas precolombinas
> *Tú dices: Me gustó que hablaran sobre las culturas precolombinas.*

1. los estudiantes / no haber ido a clase   5. gustar / viajar al Amazonas
2. estar / relacionado con historia   6. respetar / su cultura
3. oprimir / a los habitantes de sus países   7. cumplir / sus promesas
4. leer / un libro sobre los reyes de España   8. encontrar / unas ruinas en Argentina

VOCABULARIO

Ahora escucharás el vocabulario que está al final de esta lección en tu libro de texto. Escucha con atención cada palabra o expresión y después repítela.

Lab Manual

Nombre _____Fecha _____

SORPRESA DESDE EL CIELO **Lección 1**

Antes de ver el video

1 **¿Qué está pasando?** En este episodio de la fotonovela, la familia Solís celebra el cumpleaños de Marcela. Justo después de que Marcela apaga las velas, algo cae del cielo. Imagina qué puede ser lo que cae y qué ocurre después.

_____
_____
_____
_____
_____
_____

Mientras ves el video

2 **¿Quién hace esto?** Escribe el nombre de los personajes que hacen estas acciones.

1. Les dice a sus familiares y amigos que los quiere. _____

2. Le dice a su hija que pida un deseo. _____

3. Grita muy fuerte. _____

4. Mete la mano en el pastel y saca un dron. _____

5. Abre la puerta. _____

6. Pregunta por su dron. _____

3 **Completar** Completa el párrafo con las palabras adecuadas de la lista, según lo que pasa en la fotonovela.

ansiosa	es
cae	es
cantan	están
emocionada	tranquila

Rocío está muy (1) _____, pero Manu le dice que esté (2) _____. Después, todos

(3) _____ a Marcela porque es su cumpleaños. Marcela (4) _____ la hermana

de Manu y Rocío. Hoy está muy (5) _____ porque su familia y amigos están con ella.

De repente, (6) _____ un dron en el pastel. Rocío cree que los (7) _____ espiando,

pero no es verdad. El dron (8) _____ de Ricardo y cae por accidente.

Video Manual

© 2020 by Vista Higher Learning, Inc. All rights reserved. **Lección 1** Video Manual **201**

Después de ver el video

4 **Oraciones falsas** Estas oraciones son falsas. Reescríbelas con la información correcta.

1. Marcela se lleva fatal con su familia.

_____

2. Lorenzo está divorciado.

_____

3. Lupita es especialista en drones.

_____

4. Marcela está feliz porque el dron cayó a su pastel.

_____

5. El señor Solís no trabaja actualmente.

_____

6. Marcela se está enamorando de Ricardo.

_____

_____

5 **Tu opinión** Contesta las preguntas con oraciones completas.

1. ¿Qué te parece la familia Solís?

_____

2. ¿Cuál es tu personaje favorito de la fotonovela? ¿Por qué?

_____

3. ¿Cómo es la relación entre Marcela y sus hermanos? Explica tu respuesta.

_____

_____

4. ¿Qué piensas de la casa de la familia Solís? ¿Qué semejanzas y diferencias hay entre la casa de los Solís y la tuya?

_____

_____

6 **Escribir** Elige dos personajes de la fotonovela y escribe una descripción que incluya características físicas, de la personalidad y tu opinión personal de cada uno. Escribe al menos tres oraciones sobre cada personaje.

_____

_____

_____

_____

_____

_____

_____

_____

Video Manual

¡TE RETO A UNA CARRERA!   Lección 2

Antes de ver el video

1   **¿Qué recuerdas?** Esta escena pertenece al episodio anterior de la fotonovela. Escribe todo lo que recuerdes que ocurrió.

_____
_____
_____
_____
_____
_____
_____
_____
_____
_____

Mientras ves el video

2   **¿Cierto o falso?** Indica si estas oraciones son **ciertas** o **falsas**.

Cierto	Falso	
❏	❏	1. Lorenzo y Manu echan una carrera.
❏	❏	2. A Manu le preocupa perder.
❏	❏	3. Lorenzo cambia la música antes de echar la carrera.
❏	❏	4. Patricia está escuchando al mariachi de Chente.
❏	❏	5. Marcela no puede ir porque está haciendo ejercicio.
❏	❏	6. Al final, Ricardo aparece tirado (*lying*) en la calle con los ojos cerrados.

3   **Ordenar** Ordena las oraciones del uno al seis, de acuerdo con lo que pasa en el video.

_____ a. Manu gana la carrera.

_____ b. Lorenzo hace trampa y arranca primero.

_____ c. Manu invita a Lorenzo a un tejate.

_____ d. A Lorenzo se le ocurre echar una carrera con Manu.

_____ e. Ricardo está tirado en la calle con los ojos cerrados.

_____ f. Patricia le dice a Marcela que está viendo a Manu y a Lorenzo en la plaza.

Video Manual

Después de ver el video

4 **Completar** Completa las oraciones con la información adecuada.

1. Manu le dice a Lorenzo que no haga trampa, pero…

_____

2. Lorenzo piensa que va a ganar la carrera, pero…

_____

3. Manu invita a Lorenzo a un tejate, pero…

_____

4. Patricia invita a Marcela a ir a la plaza a ver el mariachi de su novio, pero…

_____

5. Al final, Patricia menciona el nombre de Marcela insistentemente al teléfono, pero

_____

5 **Preguntas** Contesta las preguntas con oraciones completas. Explica tus respuestas.

1. ¿Cómo es la relación entre Manu y su padre?

_____
_____

2. ¿Qué parte del episodio te gusta más?

_____
_____

3. Si fueras Marcela, ¿estudiarías para tu examen o te reunirías con Patricia?

_____
_____

4. ¿Qué música de este episodio te gusta más? ¿La canción que escucha Manu al hacer la carrera, la música de Marcela, la del mariachi…?

_____
_____

5. ¿Por qué crees que Ricardo está en tirado (*lying*) en la calle con los ojos cerrados?

_____
_____

6 **Diversiones** ¿Qué actividades haces para divertirte? ¿Escuchas música como Patricia? ¿Haces ejercicio como Lorenzo y Manu? Explica qué cosas te gusta hacer para divertirte y qué cosas te aburren.

_____
_____
_____
_____
_____
_____

Video Manual

Nombre _____ Fecha _____

PLANES PARA ENAMORAR   # Lección 3

Antes de ver el video

1 **¿Qué recuerdas?** Esta escena pertenece al episodio anterior de la fotonovela. Escribe todo lo que recuerdes que ocurrió.

_____
_____
_____
_____
_____
_____

Mientras ves el video

2 **Completar** Mira el episodio de la fotonovela y presta atención a las conversaciones de los personajes para completar los diálogos.

buscaba	le gusta	me atropellaste	recogía	te dabas
fueron	lleva	Pensé	siempre	vivía

MARCELA ¡Qué susto! (1)¡_____ que estabas inconsciente! ¡No tengo tiempo para este tipo de bromas!

RICARDO ¡No es broma! ¡Estaba cruzando y (2) _____
(...)

VENDEDOR ¿Qué se (3) _____, amigo?

RICARDO (4) _____ una artesanía bien bonita para mi novia.

VENDEDOR ¿Y a ella qué (5) _____ ?

RICARDO Ni idea.
(...)

LUPITA Cuando la señora Isabel, que en paz descanse, (6) _____, la casa (7) _____ estaba en orden, pero ahora tu padre y tu hermano se han vuelto unos desordenados.

MARCELA Siempre (8) _____ desordenados, pero antes mi mami (9) _____ todo y tú no (10) _____ cuenta...

3 **¿Quién lo dijo?** Indica quién dijo cada una de estas oraciones.

1. Ya, anda en plan de enamorarla, ¿no? _____

2. Si a ella no le gusta, ¿lo puedo devolver y me hace el reembolso? _____

3. Hace un rato estabas bien, pero ahora estás como pálida. _____

4. Planchar es lo que me pone pálida. Estoy harta de tanto quehacer. Lavar, barrer y quitar el polvo... _____

5. Marcela, te ofrezco disculpas porque arruiné tu cumple. _____

Video Manual

         Lección 3 Video Manual   **205**

Después de ver el video

4 **Preguntas** Responde las preguntas con oraciones completas.

1. ¿Por qué está Ricardo tirado en la calle?

_____

2. ¿Qué le compra Ricardo a Marcela? ¿Por qué?

_____

3. ¿A quién llama Ricardo mientras el vendedor envuelve el regalo para Marcela?

_____

4. ¿Qué le pasa a Lupita?

_____

5. ¿Quién es el pasajero que Marcela va a recoger?

_____

5 **Tu opinión** Decide si estás de acuerdo con cada enunciado, o si estás en desacuerdo. Después explica por qué. Puedes mencionar datos de la fotonovela en tus respuestas.

De acuerdo En desacuerdo

❑   ❑   1. Comprar un regalo es una buena manera de disculparse.

_____

❑   ❑   2. Limpiar la casa es una pérdida (*waste*) de tiempo.

_____

❑   ❑   3. Prefiero limpiar mi propia casa que tener un(a) asistente/a.

_____

❑   ❑   4. Fingir (*Pretending*) estar inconsciente es una buena broma.

_____

❑   ❑   5. A veces, es necesario tomarse un descanso en el trabajo.

_____

6 **Quehaceres** ¿Qué quehaceres tienes que hacer en un día normal de la semana? ¿Vas de compras? ¿Qué tareas domésticas haces? ¿Tienes tanto trabajo como Lupita? Escribe un párrafo sobre tu rutina diaria.

_____
_____
_____
_____
_____
_____
_____
_____
_____

UNA PACIENTE DIFÍCIL

Lección 4

Antes de ver el video

1 **¿Qué recuerdas?** Esta escena pertenece al episodio de la lección 3 de la Fotonovela. ¿Qué ocurrió? Escribe todo lo que recuerdes.

_____

_____

_____

_____

_____

Mientras ves el video

2 **Seleccionar** Selecciona la opción correcta.

1. Lupita está en el hospital porque la encontraron _____.
a. resfriada   b. mareada   c. desmayada

2. La doctora le dice a Lorenzo que _____.
a. se relaje   b. ayude   c. se vaya

3. La persona de la camilla en la memoria de Lorenzo era _____.
a. su mamá   b. su esposa   c. la hermana de Lupita

4. Ricardo se lastima _____.
a. el brazo   b. la cabeza   c. el tobillo

5. _____ llama a Marcela para decirle que Lupita está en el hospital.
a. El paramédico   b. Manu   c. Lorenzo

6. Cuando no ven a Lupita en su cama, la buscan en _____.
a. el baño   b. la cafetería   c. otra habitación

3 **¿Cuándo pasó?** Numera las oraciones del 1 al 6, según el orden en que ocurren en el episodio.

_____ a. Ricardo corre detrás de la Kombi de Marcela.

_____ b. Marcela y Ricardo van al hospital.

_____ c. Manu llama a Marcela.

_____ d. Los paramédicos toman la presión de Lupita.

_____ e. Ricardo se cae.

_____ f. Lupita no está en su cama.

Video Manual

Después de ver el video

4 **Oraciones** Completa las oraciones según tus impresiones sobre este episodio de la fotonovela.

1. Lupita es afortunada porque…

_____

2. Lorenzo toma cinco cafés porque…

_____

3. Ricardo insiste en hablar con Marcela porque…

_____

4. Marcela toma el regalo de Ricardo, pero…

_____

5. Rocío es estudiante de medicina, pero…

_____

6. La doctora dice que ya pueden ver a Lupita, pero…

_____

5 **Recomendaciones para Lupita** Escribe cinco recomendaciones que le darías a Lupita.

modelo

Lupita, te recomiendo que te tomes un descanso de quince minutos cada dos horas de trabajo.

1. _____
2. _____
3. _____
4. _____
5. _____

6 **Filosofía de vida** ¿De qué forma te tomas la vida? ¿Descansas lo necesario o sueles estar siempre activo/a? ¿Cuándo te relajas? ¿Qué te gusta hacer para relajarte? ¿Qué haces si estás estresado/a? Escribe un párrafo sobre tu actitud ante la vida.

_____

_____

_____

_____

_____

_____

_____

_____

_____

_____

_____

Video Manual

¡NECESITO DESCANSAR!

Lección 5

Antes de ver el video

1

¿Qué recuerdas? Esta escena pertenece al episodio anterior de la fotonovela. Escribe todo lo que recuerdes que ocurrió.

_____

_____

_____

_____

_____

Mientras ves el video

2

Completar Mira el episodio de la fotonovela y presta atención a las conversaciones de los personajes para completar los diálogos.

dejara	hospital	mejor	nada	Nunca
habitación	hotel	metas	nadie	Tampoco

DOCTORA	Jamás se me había desaparecido un paciente. ¡(1) _____!
LORENZO	¿Cómo se fue así, sin avisar?
MANU	¿Qué esperabas, que (2) _____ una nota bajo la almohada? (…)
MARCELA	¿Vacaciones?
RICARDO	También tiene derecho, ¿no?
MARCELA	¡No te (3) _____!
LUPITA	Me iría a un buen (4) _____, con todo incluido y servicio de (5) _____, pero voy a casa de mi hermana, en Cuajimoloyas. Descansar allí es mucho (6) _____ que estar en el hospital.
MARCELA	Uno no se escapa del (7) _____, Lupita.

3

¿Cierto o falso? Indica si estas oraciones son **ciertas** o **falsas**.

Cierto	Falso	
❑	❑	1. Lupita dice en su nota que se va a casa de su hermana.
❑	❑	2. A Ricardo le gusta la velocidad.
❑	❑	3. Marcela y Ricardo se encuentran a Lupita por la calle.
❑	❑	4. A Lupita le gustaría ir de excusión a Hierve el Agua.
❑	❑	5. Lorenzo cree que es buena idea que Lupita visite a su hermana inmediatamente.
❑	❑	6. Marcela se enoja porque Ricardo le dice que es mala conductora.

Video Manual

Después de ver el video

4   **Preguntas**   Contesta las preguntas con oraciones completas.

1. ¿Qué dice la nota que dejó Lupita?

_____

2. ¿Por qué contrata Ricardo a Marcela como guía turística?

_____

3. ¿A dónde le gustaría a Lupita realmente ir?

_____

4. ¿Qué le propone Lorenzo a Lupita que haga?

_____

5. ¿Por qué le pregunta Ricardo a Marcela si falta mucho para llegar?

_____

6. ¿Por qué se baja Ricardo de la Kombi al final del episodio?

_____

5   **El hotel de Lupita**   Imagina que al final Lupita decide irse a un hotel. Escribe cinco consejos sobre cómo debe ser su hotel. Sigue el modelo y utiliza el subjuntivo en tus oraciones.

> **modelo**
>
> **tener cinco estrellas:** Lupita, busca un hotel que tenga cinco estrellas.

1. tener servicio de habitación: _____

2. estar en una zona céntral: _____

3. ofrecer desayuno y cena: _____

4. ser seguro: _____

5. permitir usar la piscina las 24 horas: _____

6   **Tu viaje ideal**   Escribe un párrafo sobre cómo te gustaría que fuera tu viaje ideal. Explica dónde quieres ir, cómo quieres que sea tu alojamiento y qué actividades quieres hacer. Utiliza el subjuntivo cuando sea necesario.

_____

_____

_____

_____

_____

_____

_____

_____

Video Manual

ENTRE CASCADAS Y CACTUS

Lección 6

Antes de ver el video

1 **¿Qué recuerdas?** Esta escena pertenece al episodio anterior de la fotonovela. Escribe todo lo que recuerdes que ocurrió.

_____
_____
_____
_____
_____
_____

Mientras ves el video

2 **¿Cierto o falso?** Indica si estas oraciones son **ciertas** o **falsas**.

Cierto	Falso	
❏	❏	1. Marcela le quiere explicar a Ricardo sobre Hierve el Agua.
❏	❏	2. Marcela quiere un alebrije de un cerdito.
❏	❏	3. Ricardo no sabía que la mamá de Marcela murió.
❏	❏	4. El dron cae en la piscina de agua natural y las personas se asustan (*get scared*).
❏	❏	5. Lorenzo le explica a Manu sobre los cactus.
❏	❏	6. A Manu le encantan los cactus.
❏	❏	7. Lorenzo cuenta un chiste sobre un cerdo y un cactus.
❏	❏	8. Lorenzo quiere llevar a Manu a un restaurante, pero se pierden.

3 **Completar** Mira el episodio de la fotonovela y presta atención a las conversaciones de los personajes para completar los diálogos con las palabras de la lista.

animes	funciona	mole	regresemos
antes	llevaré	montañas	sino
chiste	llores	perdido	sólo

1. Mi trabajo no es ——————— traerte, ——————— también explicarte sobre Hierve el Agua.

2. No ———————. Si no te gusta, en cuanto ——————— a la ciudad, lo cambiamos.

3. ¿Te cuento un ——————— para que te ——————— un poco?

4. Si lo escuchas, te ——————— a un lugar cerca de aquí donde se comen las mejores tlayudas con ———————.

5. ——————— de que sigas, en caso de que pienses que estoy ———————, no lo estoy.

6. Estamos rodeados de ———————. El GPS no ———————. Y ahora, ¿qué vamos a hacer?

Video Manual

Después de ver el video

4 **Marcela y Ricardo** Completa las oraciones sobre Marcela y Ricardo con la información adecuada.

1. Ricardo agarra su mochila de la Kombi para irse solo a Hierve el Agua, pero…

_____

2. Marcela le explica a Ricardo sobre Hierve el Agua, pero él…

_____

3. Ricardo le dice a Marcela que si no le gusta el alebrije, lo pueden cambiar, pero…

_____

4. Marcela abraza a Ricardo, pero…

_____

5. Marcela dice que el dron se quedó sin gasolina, pero…

_____

5 **Manu y Lorenzo** Contesta las preguntas, según tu opinión.

1. ¿Cómo es la relación entre Manu y su padre?

_____

2. ¿Te gustaría pasar el día con una persona fanática de los cactus? ¿Por qué?

_____

3. ¿Qué te pareció el chiste de Lorenzo? ¿Por qué?

_____

4. ¿Quién crees que tiene más posibilidades de encontrar el camino al restaurante: Manu o Lorenzo? Explica tu respuesta.

_____

5. ¿Qué crees que ocurrirá en el siguiente episodio?

_____

6 **Una excursión** Escribe un correo electrónico a un(a) amigo/a sobre alguna excursión especial, real o imaginaria. Utiliza las siguientes preguntas como guía.

- ¿Dónde fue la excursión?
- ¿Quiénes fueron?
- ¿Qué vieron?
- ¿Qué fue lo que más les gustó? ¿Y lo que menos? ¿Por qué?
- ¿Por qué fue especial?

_____
_____
_____
_____
_____
_____
_____
_____

Nombre _____ Fecha _____

¿EL GPS SIEMPRE AYUDA?   Lección 7

Antes de ver el video

1 **¿Qué recuerdas?** Esta escena pertenece al episodio anterior de la fotonovela. Escribe todo lo que recuerdes que ocurrió.

_____
_____
_____
_____
_____
_____

Mientras ves el video

2 **Completar** Escucha con atención la conversación entre Ricardo y Chente, y completa las oraciones.

CHENTE ¡No vas a poder presentar el dron así!

RICARDO ¡No es nada, Chente! Lo (1) _____ a arreglar.

CHENTE ¿No es nada? ¡Si no está listo para la reunión, puedes decirle adiós a tu (2) _____!

RICARDO Tranquilo. Debe tener algo (3) _____, alguna piececilla que no hemos (4) _____.

CHENTE Nunca te (5) _____ visto tan interesado en una chica. Te gusta Marcela, ¿no?

RICARDO ¿Qué he (6) _____ yo para que pienses eso?

CHENTE No es lo que (7) _____ dicho. ¡Es que se te nota un montón!

RICARDO ¡Mira! Lo resolví.

CHENTE ¡Menos mal que lo habías (8) _____!

3 **Seleccionar** Selecciona la opción correcta.

1. Como el GPS no tiene señal, Lorenzo saca _____.
a. una brújula   b. un mapa   c. un celular

2. El abuelo zapoteca le dice a Lorenzo que el restaurante está _____.
a. a la izquierda   b. a la derecha   c. muy lejos

3. Según Marcela, a Ricardo le gusta _____.
a. cantar   b. nadar   c. inventar

4. Chente está frustrado porque el dron _____.
a. no funciona   b. está en la piscina   c. vuela muy despacio

5. Ricardo le dice a Chente que _____.
a. no quiere ir a la reunión   b. está enamorado   c. no sabe cómo arreglar el dron

6. _____ aparecen antes de que el dron tenga una pequeña explosión.
a. Marcela y Patricia   b. Lorenzo y Manu   c. La chica zapoteca y su abuelo

Video Manual

Después de ver el video

4 **Oraciones falsas** Estas oraciones son falsas. Reescríbelas con la información correcta.

1. A Manu le parece muy buena idea utilizar un mapa para encontrar el camino al restaurante.

_____

2. La chica de la camioneta le habla a Lorenzo en zapoteco.

_____

3. Marcela le cuenta a Patricia que el Astronauta de Palenque tenía un dron.

_____

4. Chente le dice a Ricardo que no se le nota nada que le gusta Marcela.

_____

5. Marcela piensa que Ricardo tiene un corazón pequeñito.

_____

6. Cuando el dron tiene la explosión, todos se ríen.

_____

5 **Preguntas** Contesta las preguntas con oraciones completas.

1. ¿Alguna vez has volado un dron? ¿Cómo fue la experiencia?

_____

2. ¿Has utilizado un mapa en el último año? ¿Por qué? ¿Era un mapa de papel o en tu celular?

_____

3. ¿Alguna vez has vuelto a casa porque se te olvidó tu celular? ¿Por qué lo necesitabas?

_____

4. ¿Cuántos celulares has tenido? ¿Cuándo te compraste el último?

_____

5. ¿Has estado más de un día sin acceso a Internet en los últimos dos años? ¿En qué ocasión?

_____

6 **Aparatos tecnológicos** Escribe un párrafo sobre los aparatos tecnológicos que usas. Utiliza las preguntas como guía.

• ¿Qué aparatos tecnológicos tienes? ¿Con qué frecuencia los usas?

• ¿Qué aparatos tecnológicos realmente necesitas? ¿De cuáles puedes prescindir (*to do without*)? ¿Por qué?

• ¿Cuáles te hacen la vida más fácil? ¿Y más difícil?

• ¿Qué otros aparatos te gustaría tener? ¿Te gustaría tener un dron?

_____
_____
_____
_____
_____
_____
_____
_____
_____
_____
_____
_____

Video Manual

LA SOCIA PERFECTA

Lección 8

Antes de ver el video

1 **¿Qué recuerdas?** Esta escena pertenece al episodio anterior de la fotonovela. Escribe todo lo que recuerdes que ocurrió.

_____
_____
_____
_____
_____

Mientras ves el video

2 **¿Cierto o falso?** Indica si estas oraciones son **ciertas** o **falsas**.

Cierto	Falso	
❑	❑	1. Ricardo se muestra inseguro acerca del futuro de su compañía.
❑	❑	2. Al ejecutivo le encanta el mole del restaurante.
❑	❑	3. Ricardo les dice a los ejecutivos que él es un experto volando el dron.
❑	❑	4. Rocío tiene mucha experiencia como vendedora de ropa.
❑	❑	5. Rocío llora cuando le cuenta a Marcela lo sucedido en la entrevista.
❑	❑	6. Ricardo llama a Marcela y se le declara.

3 **Completar** Completa el resumen del episodio con las palabras adecuadas de la lista.

basura	estrellando
compañía	llorar
dron	multinacional
ejecutivos	socia
entrevista	volar

Ricardo se reúne con unos (1) _____ para hablarles del (2) _____. Ricardo quiere que inviertan en su (3) _____ de drones. Él cree que será muy exitosa y que se convertirá en una empresa (4) _____. Ricardo les dice que la experta en volar el dron es su (5) _____ y quedan en hacer una demostración otro día, pero uno de los ejecutivos quiere (6) _____ el dron allí mismo. El ejecutivo lo acaba (7) _____. Por otra parte, Rocío asiste a una (8) _____ con una gerente para trabajar como vendedora de ropa. Cuando se va, ve que la gerente tira su currículum a la (9) _____. Marcela y Manu esperan a Rocío y ésta comienza a (10) _____ cuando les cuenta lo sucedido. Los interrumpe Ricardo, quien llama para proponerle a Marcela que sea su socia.

Video Manual

Después de ver el video

4 **Preguntas** Contesta las preguntas con oraciones completas.

1. ¿Por qué crees que Ricardo deja que el ejecutivo vuele el dron?

_____

2. ¿Crees que los ejecutivos están interesados en invertir en la compañía de Ricardo? ¿Cómo lo sabes?

_____

3. ¿Opinas que la gerente de la tienda de ropa tendría que contratar a Rocío? ¿Por qué?

_____

4. ¿Piensas que Marcela querrá ser la socia de Ricardo? Explica tu respuesta.

_____

5. ¿Te imaginas a Marcela y a Ricardo como socios? ¿Crees que trabajarían bien juntos?

_____

6. De todos los personajes de la fotonovela, ¿a cuál elegirías como socio/a? ¿Por qué?

_____

5 **Consejos para una entrevista** Escribe cinco consejos que le darías a Rocío para prepararse para sus futuras entrevistas. Sigue el modelo.

> **modelo**
> Si yo fuera Rocío, me prepararía un par de preguntas sobre la compañía a la que solicito el puesto.

1. _____
2. _____
3. _____
4. _____
5. _____

6 **Tu trabajo ideal** Escribe un párrafo sobre cómo sería tu puesto de trabajo ideal. Incluye la siguiente información.

- Título
- Horario y lugar de trabajo
- Tipo de trabajo: autónomo, empleado/a, empleador(a)…
- Descripción del puesto y salario
- Otros requisitos y responsabilidades

_____

_____

_____

_____

_____

Video Manual

¿DÓNDE ESTÁ EL CANTANTE?

Lección 9

Antes de ver el video

1 **¿Qué recuerdas?** Esta escena pertenece al episodio anterior de la fotonovela. Escribe todo lo que recuerdes que ocurrió.

_____
_____
_____
_____
_____
_____

Mientras ves el video

2 **Completar** Escucha con atención las conversaciones de los personajes de este episodio y completa las oraciones.

CHENTE Hay muchos mariachis. ¡Tenemos (1) _____! Por cierto, ¿alguien sabe dónde está Fernando?

AMIGO DE CHENTE No sé. Le envié un (2) _____ de texto.

CHENTE Me sorprende que no (3) _____ llegado. Bueno, ensayemos otra mientras esperamos.
(...)

PATRICIA Tú cantas, ¿no?

MARCELA ¿Están locos? Que (4) _____ de vez en cuando no significa nada. ¡Nunca he cantado en (5) _____!

CHENTE ¿No te das cuenta de (6) _____ importante que es esto para nosotros? Los ganadores grabarán un video musical que será (7) _____ en todo México.
(...)

PATRICIA ¡No puedo creer lo (8) _____ que te queda!

MARCELA ¡Espero que hayan (9) _____ la decisión correcta!

PATRICIA Tranquila. ¡Luces como una (10) _____!

3 **Ordenar** Ordena las oraciones del 1 al 6, de acuerdo con lo que sucedió en el episodio de la fotonovela.

_____ a. Marcela decide que va a cantar con el mariachi de Chente.

_____ b. Comienza a llover.

_____ c. Marcela consigue el traje de mariachi.

_____ d. El amigo de Chente envía un mensaje de texto a Fernando.

_____ e. Chente les dice a Marcela, a Patricia y a Manu que el grupo de mariachi se ha quedado sin cantante.

_____ f. Ricardo llama a Marcela al celular.

Video Manual

Después de ver el video

4 **Oraciones** Completa las oraciones según los eventos del episodio.

1. Patricia le desea a Marcela suerte con la presentación del dron, pero al final...
   _____

2. Marcela y Manu están a punto de dejar a Patricia en el teatro e irse en la Kombi, pero...
   _____

3. Chente les dice a Marcela, a Patricia y A Manu que no tienen cantante para la competencia, pero...
   _____

4. Marcela no tiene traje de mariachi, pero...
   _____

5. Ricardo llama a Marcela al celular, pero...
   _____

6. Ricardo no sabe qué le va a decir a los inversionistas, pero...
   _____

5 **Telerrealidad** Contesta estas preguntas y explica tus respuestas.

1. ¿Qué programas de telerrealidad (*reality shows*) conoces? ¿Los miras?
   _____

2. ¿Crees que, en general, los participantes de los concursos televisivos de canto tienen talento?
   _____

3. ¿Por qué crees que los programas de telerrealidad tienen tanto éxito?
   _____

4. ¿Por qué piensas que a la gente le importa tanto la vida de los famosos?
   _____

5. ¿Participarías en un programa de telerrealidad? ¿Por qué?
   _____

6 **La música** Escribe un párrafo sobre el papel que tiene la música en tu vida. Utiliza las siguientes preguntas como guía.

- ¿Qué tipo de música te gusta?
- ¿Cuándo escuchas música?
- ¿Cómo escuchas música? ¿En tu celular? ¿En la radio?...
- ¿Escuchas diferentes tipos de música según la situación? Da ejemplos.
- ¿Podrías vivir sin música? ¿Por qué? ¿Qué tan importante es para ti?

_____
_____
_____
_____
_____

Nombre _____ Fecha _____

ALEBRIJES EN VENTA

Lección 10

Antes de ver el video

1 **¿Qué recuerdas?** Esta escena pertenece al episodio anterior de la fotonovela. Escribe todo lo que recuerdes que ocurrió.

_____
_____
_____
_____
_____
_____

Mientras ves el video

2 **Completar** Escucha con atención la conversación entre Ricardo, Marcela y la doctora, y completa las oraciones.

MARCELA ¿Qué habré hecho para que no me contestes las (1) _____?

RICARDO ¿Qué (2) _____ hecho? ¡Te olvidaste de nuestra cita con los inversionistas!

MARCELA La demostración del dron se canceló por (3) _____, ¿no?

RICARDO ¡Por suerte!

DOCTORA ¡Ricardo!

RICARDO Si no (4) _____ cancelado, habríamos quedado muy mal, y habría sido tu culpa. ¡Así no se puede montar una (5) _____!

DOCTORA ¿Qué empresa?

RICARDO La empresa de (6) _____ y construcción de drones, mamá.

DOCTORA ¿Finalmente la vas a (7) _____?

MARCELA Sí, y yo soy su (8) _____.

3 **¿Cierto o falso?** Indica si estas oraciones son **ciertas** o **falsas**.

Cierto Falso

❏ ❏ 1. El profesor enseña una imagen de la Catrina en la clase.

❏ ❏ 2. Marcela y Patricia almuerzan juntas.

❏ ❏ 3. Marcela va con su papá a la tienda para comprar una artesanía de barro negro.

❏ ❏ 4. Los alebrijes de la mamá de Marcela se venden muy bien.

❏ ❏ 5. La mamá de Marcela también era pintora y escultora.

❏ ❏ 6. Lorenzo hace un selfi para celebrar que Marcela es la socia de Ricardo.

Video Manual

Después de ver el video

4 **Oraciones falsas** Estas oraciones son falsas. Reescríbelas con la información correcta según el episodio de la fotonovela.

1. Al principio del episodio, Marcela y Patricia están en el cine.
   _____

2. Marcela no quería llevar los alebrijes de su mamá a la tienda, pero Lorenzo la convenció.
   _____

3. Lorenzo conoce a la doctora porque ella atendió a Rocío.
   _____

4. La doctora compra uno de los alebrijes que hizo la mamá de Marcela.
   _____

5. La presentación del dron se canceló porque uno de los inversionistas no podía ir.
   _____

6. Ricardo le dice a Marcela que nunca será su socia.
   _____

5 **Opinión artística** Escribe una breve crítica de arte para cada una de estas obras, basándote en tus conocimientos de arte y en lo que has aprendido en esta lección.

Alebrije

Pieza de barro negro

1. _____
   _____
   _____
   _____

2. _____
   _____
   _____
   _____

6 **Tu lado artístico** Escribe un párrafo sobre tu relación con el arte. Utiliza las siguientes preguntas como guía.

- ¿Te consideras una persona artística? ¿Por qué?
- ¿Creas arte? ¿Qué tipo de arte? ¿Cómo te sientes al crearlo?
- Si tienes que dar una postal (*postcard*) a alguien, ¿la compras o la creas tu mismo/a? ¿Y un regalo?
- ¿Disfrutas viendo obras de arte? ¿Te gusta visitar museos o exposiciones de arte? ¿Cuáles son tus preferidos?
- ¿Podrías vivir sin arte? ¿Por qué? ¿Qué tan importante es para ti?

_____
_____
_____
_____
_____

Video Manual

POLÍTICAMENTE EQUIVOCADOS Lección 11

Antes de ver el video

1 **¿Qué recuerdas?** Esta escena pertenece al episodio anterior de la fotonovela. Escribe todo lo que recuerdes que ocurrió.

_____
_____
_____
_____
_____
_____

Mientras ves el video

2 **Completar** Escucha con atención las conversaciones de los personajes de este episodio y completa las oraciones.

RICARDO ¿Viste las caras de los inversionistas cuando te vieron (1) _____ el dron? ¡Finalmente lo logramos! ¡Van a apoyar el (2) _____!

RICARDO ¡Estuvo de maravilla! Gracias a ti.

MARCELA De ninguna manera, Ricardo. La presentación fue exitosa porque el dron fue perfectamente (3) _____ por ti.
(…)

MARCELA El proyecto político de Carmen Vargas es el más (4) _____.
Va a mejorar la educación y los servicios de salud de la ciudad. Por eso ganó la (5) _____.

ROCÍO Luis González es quien merecía ganar, es un gran (6) _____.

LORENZO Es un (7) _____ de derechos humanos.

3 **Seleccionar** Selecciona la opción correcta.

1. Según Marcela, el padre Osvaldo es _____.
a. irresponsable   b. olvidadizo   c. valiente

2. Marcela le dice a Ricardo que no debe _____ en una iglesia.
a. gritar   b. reírse   c. volar el dron

3. Las elecciones son para el/la nuevo/a _____.
a. alcalde/alcaldesa   b. presidente/a   c. gobernador(a)

4. Según el locutor de radio, la campaña ha sido muy _____ desde sus inicios.
a. injusta   b. desigualada   c. reñida

5. A Ricardo le parece _____ que Lorenzo y Rocío estén pintando el cartel de la candidata.
a. mal   b. bien   c. fatal

Video Manual

Después de ver el video

4 **Ordenar** Ordena las oraciones del 1 al 8, de acuerdo con lo que sucedió en el episodio de la fotonovela.

_____ a. Marcela y Ricardo descubren a Lorenzo y a Rocío pintando los carteles.

_____ b. Manu le dice a Marcela que Ricardo se muere por ella.

_____ c. El padre Osvaldo bendice el dron.

_____ d. Marcela está feliz porque Carmen Vargas ganó la alcaldía.

_____ e. Marcela sale corriendo a la calle y le da un beso a Ricardo.

_____ f. Marcela y Ricardo comentan su éxito con los inversionistas.

_____ g. Ricardo se va de casa de los Solís.

_____ h. Marcela llama al padre Osvaldo al celular.

5 **Opiniones** Contesta las preguntas y explica tus respuestas.

1. ¿Crees que Ricardo hubiera conseguido el apoyo de los inversionistas sin la ayuda de Marcela?

_____

2. ¿Crees que en la vida real un cura (*priest*) bendeciría un dron?

_____

3. ¿Piensas que la policía tendría que encarcelar a quienes cometen actos vandálicos como el de Lorenzo y Rocío?

_____

4. ¿Opinas que siempre hay que ser políticamente correcto/a?

_____

5. ¿Qué te parece la actitud de Ricardo ante la derrota de su candidato?

_____

6. ¿Eres una persona que sabe perder o eres un(a) mal(a) perdedor(a)?

_____

6 **¿Te interesa la política?** Escribe un párrafo sobre tus ideales políticos. Utiliza las siguientes preguntas como guía.

• ¿Estás al corriente de lo que ocurre con la política de tu país? ¿Y con la política internacional?

• ¿Te interesa la política? ¿Lees noticias sobre política?

• ¿Sueles votar? ¿Crees que es importante votar? ¿Por qué?

• ¿Qué opinas de la política de tu país?

• ¿Piensas que es posible un partido político perfecto? ¿Cómo sería?

_____

_____

_____

_____

_____

Video Manual

¡VEINTE AÑOS, MÁS SORPRESAS!   Lección 12

Antes de ver el video

1 **¿Qué recuerdas?** Esta escena pertenece al episodio anterior de la fotonovela. Escribe todo lo que recuerdes que ocurrió.

_____
_____
_____
_____
_____
_____

Mientras ves el video

2 **¿Cierto o falso?** Indica si estas oraciones son **ciertas** o **falsas**.

Cierto	Falso	
❏	❏	1. Marcela les dice a los turistas que Oaxaca fue declarada Patrimonio de la Humanidad.
❏	❏	2. Ricardo, Manu y Chente juegan al baloncesto mientras esperan a Marcela.
❏	❏	3. Lorenzo trae el pastel de Marcela de una pastelería.
❏	❏	4. Marcela cree que va a ir a un restaurante con Ricardo para celebrar su cumpleaños.
❏	❏	5. Como la pelota cae en el pastel, la familia y amigos de Marcela consiguen uno nuevo.
❏	❏	6. A Marcela le cantan la canción "Cielito lindo".

3 **Completar** Completa las oraciones de este episodio con las palabras adecuadas de la lista. Después escribe al frente quién dijo cada oración.

caso	cumple	felicité
conseguir	declarada	nerviosa
contestará	encontrarnos	sepan

1. ¿Todavía no la conoces? No le hagas _____. Las fiestas sorpresa la ponen _____.   _____

2. Para finalizar, es importante que _____ que la ciudad de Oaxaca fue _____ Patrimonio Cultural de la Humanidad por la UNESCO.   _____

3. ¡Sí hablamos! La _____ por su cumpleaños y quedamos en _____ en el restaurante.   _____

4. ¿Y cuántos años _____?   _____

5. La conozco, si está ocupada, no _____.   _____

6. ¡Tendremos que _____ otro pastel!   _____

Video Manual

Después de ver el video

4 **¿Qué pasa después?** Explica qué ocurre después de cada uno de estos acontecimientos.

1. Marcela intenta finalizar la excusión contándole a los turistas que Oaxaca fue declarada Patrimonio de la Humanidad, pero después…

_____

2. Marcela lleva a los turistas al Árbol del Tule y el turista impertinente sigue haciendo preguntas, pero después…

_____

3. Mientras esperan a Marcela, Ricardo, Manu y Chente juegan con un balón y después…

_____

4. La doctora dice que tienen que conseguir otro pastel, pero después…

_____

5. Marcela va de camino a su casa para cambiarse, pero después…

_____

6. Los familiares y amigos de Marcela comienzan a cantarle y después…

_____

5 **Último episodio** Contesta las preguntas sobre la fotonovela.

1. ¿Te esperabas este final de la fotonovela? ¿Qué te ha parecido este último episodio?

_____

2. ¿Cuál ha sido tu momento favorito de la fotonovela? Describe la escena.

_____

3. ¿Cambiarías algo de la serie? ¿Qué?

_____

4. ¿Quién es tu personaje favorito? ¿Por qué?

_____

5. ¿Recomendarías la fotonovela a un(a) amigo/a? ¿Qué le dirías?

_____
_____

6 **¿Te gusta la Historia como campo del saber?** Escribe un párrafo en el que expliques si te interesa la Historia. Utiliza las siguientes preguntas como guía.

- ¿Tomas actualmente alguna clase de Historia? ¿Cuál? Si no, ¿cuál fue la última que tomaste? Explica qué te parece (o pareció) la clase.
- ¿Qué periodo histórico te interesa más? ¿Por qué?
- ¿Disfrutas estudiando Historia o piensas que es aburrido?
- ¿Crees que es importante aprender todos los datos y fechas históricas? ¿Por qué?
- Si fueras profesor(a) de Historia, ¿cómo enseñarías la materia?

_____
_____
_____
_____
_____

Video Manual

Photography and Art Credits